SÉRIE PÉDAGOGIQUE

DE L'INSTITUT DE LINGUISTIQUE DE LOUVAIN — 12

introduction aux dialectes grecs anciens

PROBLÈMES ET MÉTHODES
RECUEIL DE TEXTES TRADUITS

Yves DUHOUX

PEETERS

LOUVAIN — PARIS

1983

ISBN 978-90-429-2066-8   (Peeters Leuven)
ISBN 978-2-7584-0024-0   (Peeters France)

© 1983 PEETERS   et   Publications Linguistiques de Louvain asbl
        Bondgenotenlaan 153
        B-3000 Leuven

Printed in Belgium

PREFACE

La dialectologie du grec ancien n'a guère fait l'objet
de volumes pouvant être mis aux mains du lecteur cultivé ou
de l'étudiant d'expression française désireux de s'initier à
ce secteur particulier de l'hellénisme. C'est pourquoi il
m'a paru utile de publier la mise au point suivante, que j'ai
présentée comme leçon publique lors de mon agrégation de l'enseignement supérieur (Louvain-la-Neuve, 13 décembre 1982).

Il s'agit d'un survol des problèmes, méthodes et directions de recherches actuelles. L'exposé a été délibérément
limité à un choix de questions particulièrement représentati-
ves. J'ai, bien entendu, accordé une attention toute particulière aux conséquences, vraiment révolutionnaires, qu'a entraî-
nées le déchiffrement de l'écriture linéaire B : malgré ses
trente ans d'âge, cette importante découverte n'a pas fini de
faire sentir ses effets sur notre connaissance de la préhistoire du grec.

La seconde partie de ce petit volume voudrait illustrer
par des textes le foisonnement dialectal grec. La plupart des
parlers connus sont représentés par de courtes inscriptions,
accompagnées de leur traduction française. Ces documents ont
été choisis chaque fois que possible parmi les textes archaïques, où l'on échappe aux grands mouvements de nivellement qui
unifieront rapidement la plupart des dialectes à partir du IVe
siècle. J'y ai systématiquement inclus des documents privés,
qui restituent bien la vie quotidienne des Grecs anciens, si
proche, à bien des égards, de la nôtre.

Louvain-la-Neuve, 23 mars 1983

PREMIERE PARTIE

PROBLEMES ET METHODES DE LA DIALECTOLOGIE DU GREC ANCIEN

0. OBJECTIFS

Pour décrire l'état présent de la dialectologie du grec ancien, il est bon de partir de deux cartes.

La première indique la répartition des dialectes grecs en pleine époque classique, au Ve siècle (fig. 1). La seconde se situe bien plus haut dans le temps, à une période comprise entre le XIIIe et le XIe siècle avant notre ère (fig. 2).

D'un côté, on a affaire à une multitude de parlers locaux, constituant une véritable mosaïque dialectale. De l'autre côté, notre documentation nous permet d'aborder deux dialectes seulement : le mycénien, attesté au XIIIe siècle en Attique, en Béotie, dans le Péloponèse et en Crète (1), et le chypriote, connu par une inscription du XIe siècle.

La première de ces cartes pourrait avoir été dressée dès le dernier quart du siècle dernier (2). La seconde carte,

_____

(1) Il est possible que les tablettes mycéniennes de Cnossos
    (Crète) ne remontent pas au XIIIe, mais au XIVe ou au
    XIIe siècle. Sur cette question, voir J. RAISON, *Etrennes
    de septantaine. Travaux de linguistique et de grammaire
    comparée offerts à Michel Lejeune*, Paris, 1978, pp. 209-216.

(2) Le dernier dialecte grec classique qui ait été découvert
    est le chypriote, dont le syllabaire a été déchiffré en-
    tre 1871 et 1875 (voir M. POPE, *The Story of Decipherment*,
    Londres, 1975, pp. 123-135).

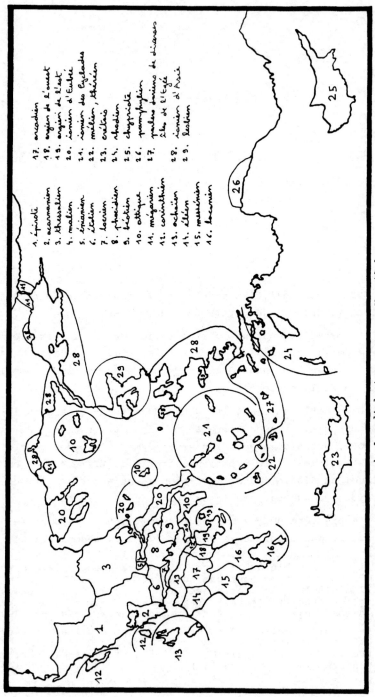

1. épirote
2. acarnanien
3. thessalien
4. malien
5. énianien
6. étolien
7. locrien
8. phocidien
9. béotien
10. attique
11. mégarien
12. corinthien
13. achaïen
14. éléen
15. messénien
16. laconien

17. arcadien
18. argien de l'ouest
19. argien de l'est
20. ionien d'Eubée
21. ionien des Cyclades
22. milien, théréen
23. cnidio
24. rhodien
25. chypriote
26. pamphylien
27. grandes colonies de Licarnas
28. île de l'Egé
28. ionien d'Asie
29. lesbien

1. Les dialectes grecs au Ve siècle

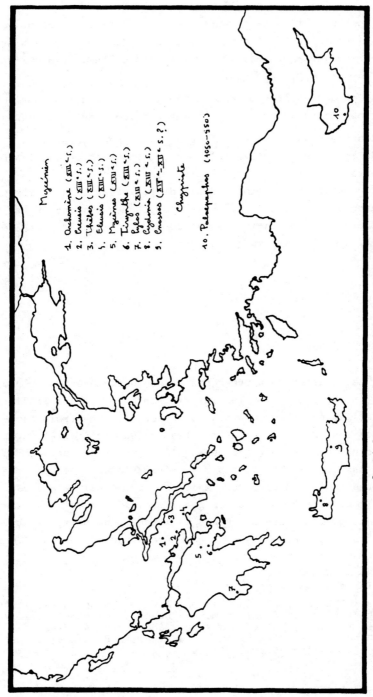

Mycénien

1. Orchomène (XIIIᵉ s.)
2. Cnossos (XIIIᵉ s.)
3. Thèbes (XIIIᵉ s.)
1. Eleusis (XIIIᵉ s.)
5. Mycènes (XIIIᵉ s.)
6. Tirynthe (XIIIᵉ s.)
7. Pylos (XIIIᵉ s.)
8. Cydonia (XIIIᵉ s.)
9. Cnossos (XIVᵉ-XIIᵉ s. ?)

Chypriote

10. Palaepaphos (1050-950)

2. Dialectes grecs attestés au IIe millénaire

par contre, est toute récente, puisque le texte chypriote du
XIe siècle n'a été découvert qu'en 1979 (3), et que ce n'est
qu'en 1952 qu'a été déchiffrée l'écriture linéaire B utilisée
pour noter le mycénien (4).

Ces deux cartes permettent de formuler les trois principaux objectifs que poursuit la dialectologie du grec ancien :

1) décrire chaque dialecte le plus exactement possible ;
2) définir les relations qu'il entretient avec les autres parlers grecs ;
3) reconstituer l'histoire de la différenciation dialectale
   grecque, c'est-à-dire tenter d'expliquer comment on est
   arrivé à la situation des XIIIe-XIe siècles, et puis, de
   là, à celle de l'époque classique.

1. DESCRIPTION DES DIALECTES

1.1. LES SOURCES

Les sources de notre connaissance des dialectes grecs
sont de trois ordres : les inscriptions, les textes littéraires et les études grammaticales anciennes. Ces trois catégories sont d'inégale valeur. Les textes littéraires et grammaticaux ne nous sont parvenus qu'à travers une longue tradition manuscrite, ce qui suppose inévitablement une série de
déformations et d'erreurs. Mais leur principal défaut est
qu'ils reflètent souvent non pas les dialectes tels qu'ils
étaient parlés, mais des états de langue plus ou moins arti-
ficiels. Ce reproche s'applique même aux citations anciennes

---

(3) Texte n° 43 ci-dessous.
(4) M. POPE, *op. cit.* [n. 2], pp. 146-183 donne un excellent
    historique du déchiffrement. Description plus détaillée,
    en français, par l'un des deux déchiffreurs, dans J.
    CHADWICK, *Le déchiffrement du linéaire B. Aux origines
    de la langue grecque*, Paris, 1972.

3. Les dialectes grecs en Grande-Grèce et en Sicile (VIIIe-Ve s.)

d'inscriptions dialectales, comme **le** montre l'exemple suivant,
repris à Pausanias 5.24.3.

Pausanias, le voyageur grec du IIe siècle de notre ère,
se trouve à Olympie. Il tombe en arrêt devant la statue de
Zeus offerte par les Spartiates au début du Ve siècle, et il
en transcrit la dédicace à l'intention de ses lecteurs :

Δέξο ἄναξ Κρονίδα Ζεῦ 'Ολύμπιε καλὸν ἄγαλμα
ἱλάῳ θυμῷ τοῖς Λακεδαιμονίοις

"Ô roi, fils de Cronos, Zeus d'Olympie, reçois d'un coeur
favorable la belle statue des Lacédémoniens" (5).

Or, un heureux hasard a fait que l'on a retrouvé à Olympie le socle de la statue en question, avec l'inscription même
que Pausanias avait transcrite. En voici le texte (6) :

[Δέξ]ο Fάν[α]ξ Κρον[ί]δα{ι} Δεῦ 'Ολύνπιε καλὸν ἄγαλμα
hιλέϝō[ι θυ]μōι τοῖ Λακεδαιμονίο[ις]

En comparant les deux versions, on constate que la copie
de Pausanias est relativement fidèle, et que presque tout y
est. Presque tout, sauf ce qui est, à nos yeux, l'essentiel,
à savoir les traits proprement dialectaux du texte : le F ini-
tial ou intervocalique ; la forme Δεύς du nom de "Zeus" ; etc.
En fait, Pausanias n'a pas recopié fidèlement la dédicace :
il l'a adaptée à la langue de son temps.

Un exemple comme celui-ci montre la supériorité écrasan-
te des témoignages épigraphiques par rapport aux autres sources.

Et pourtant, l'image que nous livrent les inscriptions
est, elle-même, souvent imparfaite. Dans le livre I.142 de
son *Histoire*, Hérodote décrit avec précision la situation dialectale des Ioniens d'Asie Mineure (fig. 4) : Ces Ioniens,
dit-il, "n'emploient pas la même langue, mais quatre sortes
de variantes.

Milet est leur première ville dans le sud, suivie par
Myonte et Priène : ces villes sont situées en Carie et utili-
sent le même dialecte.

Les villes suivantes sont en Lydie : Ephèse, Colophon,
Lébédos, Téos, Clazomène, Phocée ; pour ce qui est de leur

---

(5) Pour la construction de δέκομαι avec le datif du nom du
    donateur, voir par exemple le texte n° 18 ci-dessous.
(6) L.H. JEFFERY, *The Local Scripts of Archaic Greece*, Oxford,
    1961, planche 37.49 et p. 407.

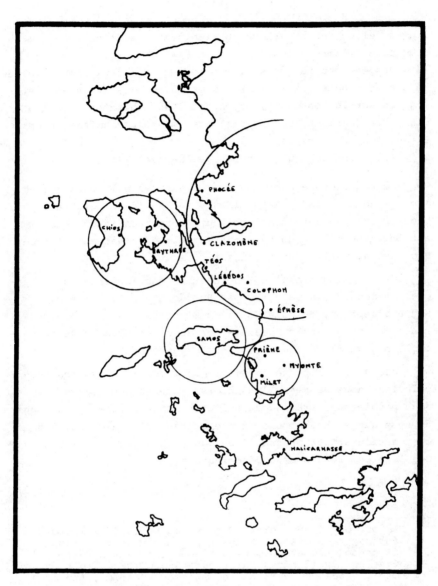

4. Les parlers ioniens d'Asie Mineure selon Hérodote

langue, elles ne concordent en rien avec les précédentes, mais
s'accordent entre elles.

Restent encore trois villes ioniennes : deux d'entre elles
se trouvent dans des îles, Samos et Chios ; la troisième est
établie sur le continent, Erythrée. Les habitants de Chios et
d'Erythrée parlent le même dialecte, mais les Samiens en ont
un qui leur est propre.

Tels sont les quatre types de langues" (7).

Ce texte donne avec une clarté admirable la carte dialectale de l'ionien d'Asie Mineure au Ve siècle. Il faut
ajouter que son auteur mérite toute notre confiance, car il
est lui-même de langue ionienne, et est originaire de la région, étant natif d'Halicarnasse.

Or, si l'on consulte les inscriptions ioniennes de l'époque, la répartition décrite par Hérodote *ne s'observe pas*.
Seule exception, la zone de Chios-Erythrée, qui diffère du
reste à cause d'une composante éolienne. En dehors de ce secteur, pas de différences dialectales perceptibles.

Que s'est-il passé ? Simplement ceci : ce que les inscriptions nous donnent, dans trois secteurs sur quatre, ce ne
sont pas les parlers locaux effectivement utilisés. Il s'agit
de tout autre chose : une langue supra-dialectale, qui a gommé
les particularités propres à chaque région, et n'en a retenu
que le plus grand commun dénominateur.

---

(7) Γλῶσσαν δὲ οὐ τὴν αὐτὴν οὗτοι νενομίκασι, ἀλλὰ τρόπους
τέσσερας παραγωγέων. Μίλητος μὲν αὐτῶν πρώτη κεῖται
πόλις πρὸς μεσαμβρίην, μετὰ δὲ Μυοῦς τε καὶ Πριήνη·
αὗται μὲν ἐν τῇ Καρίῃ κατοίκηνται κατὰ ταὐτὰ διαλεγόμεναι
σφίσι. Αἵδε δὲ ἐν τῇ Λυδίῃ· Ἔφεσος, Κολοφών, Λέβεδος,
Τέως, Κλαζομεναί, Φώκαια· αὗται δὲ αἱ πόλιες τῇσι πρό-
τερον λεχθείσῃσι ὁμολογέουσι κατὰ γλῶσσαν οὐδέν, σφίσι
δὲ ὁμοφωνέουσι. Ἔτι δὲ τρεῖς ὑπόλοιποι Ἰάδες πόλιες,
τῶν αἱ δύο μὲν νήσους οἰκηνται, Σάμον τε καὶ Χίον, ἡ
δὲ μία ἐν τῇ ἠπείρῳ ἵδρυται, Ἐρυθραί· Χῖοι μὲν νυν καὶ
Ἐρυθραῖοι κατὰ τώυτὸ διαλέγονται, Σάμιοι δὲ ἐπ' ἑωυτῶν
μοῦνοι. Οὗτοι χαρακτῆρες γλώσσης τέσσερες γίνονται.

1.2. DIFFICULTES DE LA DESCRIPTION

Les sources une fois rassemblées, il faut en extraire
les éléments caractéristiques du dialecte étudié, et il faut
ensuite organiser ces éléments en une description cohérente.

Cette tâche se heurte à plusieurs difficultés, dont les
principales sont les suivantes :
(i)   les inégalités quantitatives des corpus ;
(ii) les inégalités qualitatives ;
(iii) les ambiguïtés graphiques des textes.

1.2.1. Inégalités quantitatives

D'un dialecte à l'autre, le volume des textes disponibles
varie considérablement. Il en résulte que tel dialecte pourra être décrit infiniment mieux que tel autre. Ainsi, il n'y
a aucune commune mesure entre ce que nous apprennent les deux
cents courtes inscriptions en dialecte pamphylien (8) et les
dizaines de milliers de textes attiques, souvent très longs (9).

Il faut ajouter que, à l'intérieur d'un même dialecte,
le nombre d'inscriptions est toujours inégalement réparti au
fil des siècles. Voici, par exemple, le nombre d'inscriptions
alphabétiques crétoises antérieures au IVe siècle connues à ce
jour : avant 800, aucune ; au VIIIe siècle, une ; au VIIe siècle, une dizaine ; au VIe siècle, une centaine ; au Ve siècle,
une centaine encore, mais parmi ces textes, il y en a un, la
fameuse loi de Gortyne, qui est, à lui seul, aussi long que
l'ensemble de toutes les inscriptions antérieures.

---

(8) Le recueil de C. BRIXHE, *Le dialecte grec de Pamphylie.
    Documents et grammaire*, Paris, 1976 compte 178 numéros.
(9) Le nombre exact d'inscriptions attiques est inconnu.
    L. THREATTE, *The Grammar of Attic Inscriptions. 1. Pho-
    nology*, Berlin - New York, 1980, p. 1 l'estime à plus de
    20.000.

Dans tous les dialectes, on observe le même phénomène :
les textes sont d'abord rares ou inexistants, puis augmentent
de plus en plus à mesure que se diffuse l'usage de l'alphabet :
ceci empêche ou limite grandement les possibilités de description à haute époque.

Pour se rendre compte de ce que l'on perd ainsi, il suffit d'avoir la chance de disposer de données abondantes, régu-
lièrement échelonnées dans le temps. Je prends un exemple
récent, celui du delphique, entre le IIe siècle avant et le
Ier siècle après J.-C. (10).

Au début de cette période, les actes d'affranchissement
connaissent deux formes du nominatif pluriel du nom du "té-
moin" : μάρτυρες et μάρτυροι. La première, μάρτυρες, est plus
fréquente que la seconde. Trois siècles plus tard, la répartition n'a pas changé, et μάρτυρες est toujours plus répandu
que μάρτυροι. Si le hasard nous avait privés des textes in-
termédiaires, nous conclurions sans aucun doute à la stabilité
de l'usage delphique sur ce point.

Grâce aux inscriptions conservées, nous pouvons nous rendre compte que la réalité a été toute différente (fig. 5). En
fait, sous une apparente stabilité se cache une évolution très
curieuse : μάρτυρες domine d'abord ; mais aux environs de 157
avant notre ère, la tendance se renverse en faveur de μάρτυροι ;
vers 39 avant J.-C., nouvelle évolution, avec retour de la su-
prématie de μάρτυρες sur μάρτυροι.

1.2.2. Inégalités qualitatives

Lorsque tout va pour le mieux, un dialecte est documenté
par une abondante moisson d'inscriptions variées, couvrant des
domaines très divers : textes législatifs, conventions privées,
documents religieux, épitaphes, etc. Si par bonheur nous dis-

(10) Les données suivantes sont reprises à M. LEJEUNE, *Obser-
vations sur la langue des actes d'affranchissement del-
phiques*, Paris, 1940, pp. 77-91.

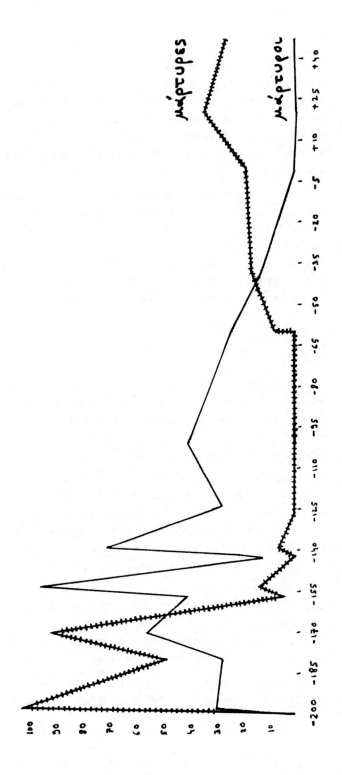

5. FRÉQUENCE DE μέπτυρες/μέτυρος EN DELPHIQUE, DE ±200 AVANT À 47 APRÈS J.-C.

posons en outre d'oeuvres littéraires, on peut compléter les
données épigraphiques et aboutir à une description raisonnable-
ment complète. Mais si les sources littéraires manquent - comme c'est le cas pour la plupart des parlers connus -, et si,
de plus, les témoignages épigraphiques sont peu variés ou peu
abondants, alors il y a des pans entiers du lexique et de la
grammaire qui nous échappent.

Ainsi, les textes mycéniens sont des documents purement
administratifs. Il s'agit en fait de notes, exclusivement
destinées à l'usage interne des bureaucrates mycéniens, écri-
tes dans un style extraordinairement concis (voir ci-dessous,
textes 38-41). Il ne faut donc pas s'étonner qu'il ne s'y
trouve presqu'aucune proposition surbordonnée et quasiment
aucun pronom démonstratif ou personnel.

1.2.3. Ambiguïtés graphiques

A partir du IVe siècle avant notre ère, l'alphabet ionien
commence à se répandre dans tout le monde grec. Chaque dialecte dispose dès ce moment d'un outil de notation remarquablement fidèle. Mais pour les époques antérieures, la situation est bien moins favorable.

Ceci est surtout vrai, bien sûr, pour le mycénien et le
chypriote, qui sont écrits en écriture non pas alphabétique,
mais syllabique. Dans ces deux systèmes, chaque signe représente non pas une voyelle ou bien une consonne, mais une syl-
labe, c'est-à-dire soit une voyelle seule, soit une ou deux
consonnes suivies de voyelle.

Les tableaux des fig. 6-7 révèlent la première grande faiblesse de ces syllabaires : ils ne disposent d'aucun signe no-
tant une consonne isolée. C'est extrêmement gênant en grec,
où l'on a tant de consonnes finales de mots, et tant de groupes de plusieurs consonnes consécutives.

Deuxième faiblesse : l'imprécision des notations. Ainsi,
il n'y a pas moyen de distinguer les voyelles brèves des voyel-

Page 19 header omitted.

The figure is a chart of the Mycenaean syllabary; the sign glyphs are hand-drawn and only the phonetic labels are given below.

a	e	i	o	u	a₂	ai	au		
da	de	di	do	du	dwe	dwo		18	83
ja	je		jo					19	•84
ka	ke	ki	ko	ku				22	86
ma	me	mi	mo	mu				34	•88
na	ne	ni	no	nu	nwa			35	89
pa	pe	pi	po	pu	pu₂	pte		47	
qa	qe	qi	qo					49	
ra	re	ri	ro	ru	ra₂	ra₃	ro₂	56	
sa	se	si	so	su				63	
ta	te	ti	to	tu	ta₂	twe	two	64	
wa	we	wi	wo					65	
za	ze		zo					79	
								82	

* Numeri deleti

6. Syllabaire mycénien (d'après *Minos* 11 [1970], p. XVIII)

les longues. Du coup, les *e* mycéniens et chypriotes représentent aussi bien ĕ que ē̦ et que ē̦. De même, bon nombre de signes consonantiques sont de lecture polyvalente : ainsi, la série *k*- du mycénien et du chypriote peut rendre aussi bien γ que κ et χ. Tout ceci fait que, par exemple, un mot mycénien comme *pa-te* note, dans un texte (PY An 607.2) le nom du "père", πατήρ, et dans un autre (KN B 1055.9), l'adjectif signifiant "tous", πάντες.

Bien entendu, aux environs du IXe siècle, les Grecs vont adopter l'alphabet phénicien (11). Et une fois qu'ils y auront adjoint des signes spéciaux pour noter les voyelles, ils dispo-

---

(11) A propos de la question, complexe, des origines de l'alphabet grec, voir L.H. JEFFERY, *op. cit.* [n. 6], pp. 1-42 ; M. GUARDUCCI, *Epigrafia Greca* I, Rome, 1967, pp. 60-73 ; Y. DUHOUX, *L'Antiquité Classique* 50 (1981), pp. 287-294.

	a	e	i	o	u
	✳	✳	✳	✴	Υ
y	◊			∿	
w	⋋⋌	I	)'(	⌃	
r	Ω	⋒	Ꝺ	Ꝗ	)ʃ
l	⋎	8	⪪	+	⋒
m	)(	⋇	⋎	Φ	⋈
n	〒	l⌇l	⋎	⫻	)ı
p	ǂ	ʃ	⋁	ʃ	⅄
t	Ͱ	⋎	↑	F	F̈
k	↥	⋌	Ϋ	⋂	⋇
s	∨	⊢	⬆	⋁	)⋇
z	)⋎ za?			⧸⧸	
x	)(	⊢			

7. Syllabaire chypriote (O. MASSON. *Les inscriptions chypriotes syllabiques*, Paris, 1983^2, p. 58)

seront d'une écriture infiniment moins ambiguë que les vieux
syllabaires de l'âge du bronze. Mais la part d'ambiguïté ne
disparaîtra pas totalement : il faudra longtemps, par exemple,
pour que l'on se mette à écrire les consonnes géminées. Et
l'immense majorité des alphabets archaïques ignorera toujours
l'existence de η et ω.

1.3. PERSPECTIVES ACTUELLES

Depuis le milieu du siècle dernier, toutes les difficultés
qui viennent d'être évoquées ont été de mieux en mieux perçues
et maîtrisées. Le résultat des travaux menés depuis lors est
considérable : il n'existe pas un seul dialecte grec ancien
connu qui n'ait été soigneusement décrit et analysé, tant dans
son ensemble que sur des points de détail. Nous disposons,
par conséquent, d'outils de référence fondamentaux, qui ont
permis à l'histoire de la langue grecque de faire d'énormes
progrès.

Et pourtant, malgré leurs mérites immenses, ces recherches
souffrent presque toutes d'un défaut, qui est la vieillesse.
Abstraction faite du mycénien, qui est une découverte récente,
la plupart des monographies et des ouvrages de référence sont
antérieurs à 1925. Or, depuis cette date, deux phénomènes se
sont produits. D'abord, on a trouvé tant de nouveaux textes
que les données recueillies antérieurement sont souvent largement dépassées. D'autre part, de nouvelles voies d'approche philologiques et linguistiques se sont fait jour, qui mo-
difient parfois considérablement les perspectives.

Je voudrais illustrer ces deux phénomènes au moyen du
dialecte le mieux connu de tous, à savoir l'attique.

Jusqu'en 1980, la seule grammaire des inscriptions attiques dont nous disposions était celle de MEISTERHANS-SCHWYZER (12).

---

(12) K. MEISTERHANS - E. SCHWYZER, *Grammatik der attischen
Inschriften*, Berlin, 1900[3] (réimpression en 1971).

C'est un livre de 288 pages, qui était bien au point lors de
sa dernière édition, en 1900. Pour montrer à quel point il
était dépassé, je dirai simplement ceci : il y a trois ans, a
paru le premier tome d'une nouvelle grammaire des inscriptions
attiques, due à L. THREATTE (13). Ce premier tome ne concerne
que la phonétique, et il a 737 pages. 288 pages pour une grammaire complète contre 737 pour un seul tome : ce sont des chiffres qui se passent de commentaires.

Autre exemple, lié, cette fois, aux nouvelles perspectives qui se font jour dans les études dialectologiques. Je
l'emprunte à la question de l'itacisme, phénomène par lequel
une série de voyelles et de diphtongues finissent par se prononcer *i*. Mon exemple concernera le $\bar{e}$ qui évolue en *i*.

MEISTERHANS-SCHWYZER, p. 19 répertorient une dizaine
d'exemples anciens de confusion entre η et ι. Cette confusion
est un symptôme typique d'itacisme. Et pourtant, ils n'en
tiennent pas compte. Pourquoi ? Parce que ces exemples ne
leur semblent pas faire le poids à côté des innombrables cas
où η et ι n'ont pas été confondus. La conclusion de MEISTER-
HANS-SCHWYZER est que le $\bar{e}$ ne s'est fermé en *i* que très tard,
entre 150 et 250 de notre ère.

Quelle est la situation actuelle ? Le nombre de confu-
sions entre η et ι a augmenté : on en connaît maintenant 61
exemples antérieurs au début de notre ère ; les plus anciens
d'entre eux remontent au VIe siècle (14).

En voici quatre, particulièrement intéressants parce
qu'ils proviennent d'une seule et même inscription, trouvée
dans une école athénienne du Ve ou du tout début du IVe

(13) L. THREATTE, *op. cit.* [n. 9].
(14) Liste dans S.-T. TEODORSSON, *The Phonemic System of the
Attic Dialect*, Göteborg, 1974, pp. 90-92 (50 exemples
jusqu'en 200 avant J.-C.) ; S.-T. TEODORSSON, *The Phonology of Attic in the Hellenistic Period*, Göteborg, 1978,
p. 28 (11 exemples, de 200 avant J.-C. à l'an 0) ; L.
THREATTE, *op. cit.* [n. 9], pp. 165-168.

siècle (15) :

'Αθινᾶ = 'Αθηνᾶ
"Αρις = "Αρης
Διμοσ{ο}θένις = Δημοσθένης

Comment expliquer ces phénomènes ?

On sait maintenant qu'une langue n'est pas monolithique,
et qu'il faut y distinguer plusieurs niveaux : il y a celui
des couches sociales cultivées, qui sert de référence et im-
pose sa norme dans l'enseignement, la littérature, l'administration, la vie publique, etc. A côté de lui, se trouvent les
niveaux propres aux autres couches sociales. A l'intérieur de
chacun de ces niveaux, il existe d'ailleurs un grand nombre
de subdivisions, d'après l'âge, le sexe, la profession, etc.(16).

Si l'on applique ces notions à notre problème d'itacisme,
on obtient le schéma d'explication suivant. D'un côté, nous
avons la norme enseignée dans les écoles et maintenue avec
application dans les couches sociales cultivées. C'est cette
norme qui est consciencieusement suivie par l'immense majorité
des inscriptions attiques où le $\bar{e}$ s'écrit η. Dans d'autres
milieux, par contre, l'usage est moins soumis à la norme officielle ; du coup, l'évolution s'y fait plus librement, et
là, le $\bar{e}$ évolue plus rapidement en i.

---

(15) M. GUARDUCCI, *Epigrafia Greca* III, Rome, 1974, pp. 371-
372. Ce texte fait partie d'un lot de plusieurs centai-
nes de plaques de schiste. Une vingtaine d'entre elles
au moins portent des inscriptions caractérisées par
leur itacisme (P.D. STAUROPOULLOS, Πρακτικὰ τῆς ἐν
'Αθήναις 'Αρχαιολογικῆς 'Εταιρείας, 1958, pp. 12-13).
Cet important ensemble n'a malheureusement pas encore
été publié à ce jour.

(16) Sur l'application de ces données de la sociolinguistique
au grec, voir par exemple W.F. WYATT, *Transactions and
Proceedings of the American Philological Association* 101,
1970, pp. 624-628 ; C. BRIXHE, *Bulletin de la Société
de Linguistique de Paris* 74 (1979), pp. 237-259. Voir
aussi ci-dessous § 3.4.1 et 3.4.2.4.1.

8. Les quatre familles dialectales du premier millénaire

arcado – chypriote
éolien
ionien – attique
grec occidental

Les élèves qui ont écrit les exercices dont nous avons ici un exemple appartenaient visiblement à cette dernière catégorie. Et nous pouvons supposer qu'un des buts de l'enseignement qu'ils suivaient était de les habituer à prononcer et à écrire non pas ᾿Αϑινᾶ mais ᾿Αϑηνᾶ, etc.

La conclusion à tirer est que l'itacisme était déjà en train de se produire dès le VIe siècle dans certaines couches sociales de la population attique (17).

Des exemples de ce genre montrent quelle est la tâche à entreprendre dans le domaine de la description des dialectes grecs anciens : il faut mettre à jour les recueils de textes et les méthodes d'investigation. En un mot, il faut actualiser nos connaissances. C'est un vaste programme, il faut le reconnaître, mais il a déjà été commencé pour plusieurs dialectes, et on peut être confiant pour la suite.

2. RELATIONS DE PARENTÉ DES DIALECTES

On rassemble aujourd'hui l'ensemble des dialectes connus en quatre grandes familles : l'arcado-chypriote, l'éolien, l'ionien-attique et le grec occidental (ce dernier groupe de parlers est souvent aussi appelé *dorien*) (fig. 8).

A ces quatre groupes, il faut ajouter le pamphylien, qui présente la particularité d'être un dialecte mixte, formé d'un mélange d'arcado-chypriote, de grec occidental et peut-être d'éolien.

Je néglige pour le moment le mycénien, qui est un dialecte non pas classique, mais de l'âge du bronze, et dont nous parlerons bientôt.

---

(17) Pour d'autres exemples anciens d'itacisme en dehors de l'attique, voir entre autres les textes ci-dessous : 36 (phocidien, vers 500) ; 50 (ionien, vers 450) ; 58 (béotien, vers 525-500).

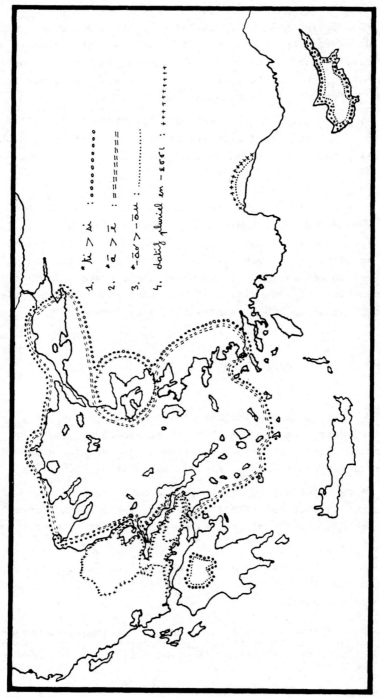

9. Isoglosses dialectales typiques

Cette répartition en quatre familles se fonde sur un vaste ensemble de points communs linguistiques qui réunissent certains dialectes entre eux et les opposent à d'autres. Ces
points communs sont ce que l'on appelle des isoglosses.

A titre d'exemple, voici les regroupements qui s'obser-
vent si l'on représente sur une carte de Grèce la diffusion
de quatre isoglosses particulièrement importantes (fig. 9) :

```
1. *-ti > -si
2. *ā  >  ē
3. * -āo > -āu
4. datif pluriel en -εσσι
```

Chaque isoglosse est symbolisée par un trait particulier,
et un trait autour d'une région indique la présence de l'isoglosse correspondante. Par exemple, une zone entourée de ++++
est une région où l'on emploie le datif pluriel en -εσσι.

Si l'on examine la carte, il est possible de distinguer
quatre ensembles dialectaux. Il y a d'abord l'arcadien et le
chypriote, qui ont en commun de ne posséder que les isoglosses 1 et 3. C'est le groupe arcado-chypriote. Il y a ensuite l'ionien et l'attique, qui ne présentent que les isoglossses
1 et 2. C'est le groupe ionien-attique. Troisième ensemble,
le béotien, le lesbien et le thessalien, qui sont les seuls
à ne posséder que l'isoglosse 4 (18). C'est le groupe éolien.
Enfin, il y a l'ensemble des dialectes occidentaux, qui ont
la particularité de ne présenter aucune des quatre isoglosses
examinées (19). Le pamphylien est clairement un dialecte à
part, puisqu'il est le seul à n'avoir que les isoglosses 3 et 4.

Il y a aujourd'hui unanimité pour admettre l'existence
de ces quatre familles, mais ceci ne signifie pas que le dernier mot ait été dit dans les regroupements dialectaux.

---

(18) Noter que le lesbien possède l'isoglosse 1.
(19) Noter cependant que le locrien et le phocidien possèdent
     l'isoglosse 4.

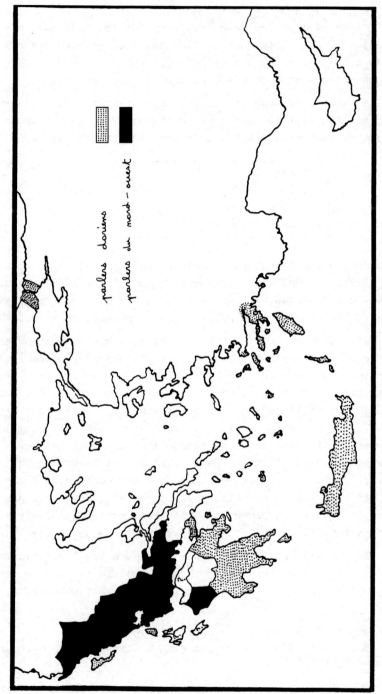

10. Répartition traditionnelle des dialectes occidentaux

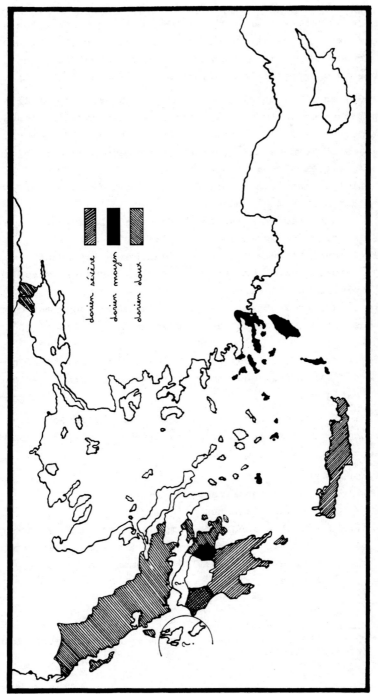

11. Nouvelle répartition des dialectes occidentaux

Je me limite à un seul exemple, celui des dialectes occidentaux. La répartition traditionnelle y avait distingué
deux subdivisions : le groupe dorien proprement dit, et le
groupe qu'on appelle les parlers du nord-ouest (fig. 10).

Or, en 1972, un classement nouveau a été proposé (20),
en prenant comme critère la répartition des voyelles longues
de timbre *e* et *o*. Ces voyelles peuvent être soit ouvertes
($\bar{\underset{.}{e}}/\bar{\underset{.}{o}}$), soit fermées ($\bar{\dot{e}}/\bar{\dot{o}}$), et elles peuvent provenir de cinq
sources différentes :

(i)   longues anciennes héritées de l'indo-européen (ex.
μάτηρ < *mā̄tēr, "mère") ;

(ii)   longues récentes issues du premier allongement compensatoire (ex. crétois ἠμί < *esmi, "je suis") ;

(iii) longues récentes issues du deuxième allongement compensatoire (ex. laconien τώς < *tons, accusatif masculin
pluriel de l'article) ;

(iv) longues récentes issues du troisième allongement compensatoire (ex. argien de l'ouest ξῆνος < *ksenwos, "étran-
ger") ;

(v)   contraction de voyelles de même timbre (ex. théréen -ου
< *-osyo, désinence du génitif masculin singulier thé-
matique).

Si l'on classe les parlers occidentaux d'après les voyelles longues de timbre *e/o* dont ils disposent, ils se répar-
tissent en trois groupes (fig. 11) :

I.   dorien sévère :

$$\left.\begin{array}{l}\text{longues anciennes}\\\text{longues récentes}\end{array}\right\} = \bar{\underset{.}{e}}/\bar{\underset{.}{o}}$$

N.B. : second allongement compensatoire parfois inconnu
ou réalisé partiellement ; troisième allongement
compensatoire réalisé seulement en Crète et à
Cyrène.

---

(20) Voir A. BARTONĚK, *Classification of the West Greek Dialects at the Time about 350 B.C.*, Prague, 1972.

II. dorien moyen :

longues anciennes
longues récentes des premier et
   deuxième allongements compen-
   satoires
$\Bigg\} = \bar{\underset{\epsilon}{e}}/\bar{\underset{\textbf{.}}{o}}$

longues récentes du troisième
   allongement compensatoire
longues récentes des contractions
   isovocaliques
$\Bigg\} = \bar{\underset{.}{e}}/\bar{\underset{.}{o}}$

N.B. : second allongement compensatoire parfois inconnu
et toujours réalisé partiellement.

III. dorien doux :

longues anciennes $= \bar{\underset{\epsilon}{e}}/\bar{\underset{\epsilon}{o}}$

longues récentes des premier et
   deuxième allongements compen-
   satoires
longues récentes des contractions
   isovocaliques
$\Bigg\} = \bar{\underset{.}{e}}/\bar{\underset{.}{o}}$

N.B. : ce groupe n'a pas connu le troisième allongement
compensatoire.

Ce qui est intéressant dans cette nouvelle classification, c'est qu'elle reprend, tout en la modifiant, la vieille
répartition que Heinrich Ahrens, le pionnier de la dialectologie du grec ancien, avait proposée au milieu du XIXe siècle.
Il s'agit bien, on le voit, d'actualiser nos connaissances,
en reprenant et rectifiant l'acquis des recherches antérieures.

3. Préhistoire du grec

Le regroupement des différents dialectes en familles conduit tout naturellement au dernier volet de notre triptyque,
qui est la reconstitution de la préhistoire du grec.

Et ici, nous entrons dans un domaine difficile, qui est
en pleine mutation.

Tout a commencé il y a trente ans, lorsque Ventris et
Chadwick ont déchiffré le syllabaire mycénien.

Avant 1952, il existait un petit nombre de schémas re-
constituant la préhistoire dialectale grecque. Je n'en men-
tionne qu'un ici, celui de Paul Kretschmer, qui expliquait la
fragmentation dialectale par l'existence de trois vagues d'invasions (21) : Ioniens, d'abord ; Arcado-chypriotes et Eoliens
(22), ensuite ; Doriens, enfin.

Ces scénarios étaient intéressants, vraisemblables,
mais non contrôlables, pour la bonne raison qu'il n'existait
aucun texte grec antérieur au VIIIe siècle auquel on pût les
confronter.

Le déchiffrement du mycénien a changé tout cela, en nous
montrant à quoi ressemblait véritablement un parler grec
du XIIIe siècle avant notre ère. Cette révélation a provo-
qué un véritable bouleversement et a remis en cause presque
toutes les théories antérieures.

3.1. LE CADRE

Avant d'entrer dans le détail, quelques mots sur le cadre général dans lequel s'inscrit toute cette préhistoire.

Le grec est une langue indo-européenne. Ceci signifie
qu'il présente un ensemble de correspondances phonétiques,
morphologiques, lexicales et syntaxiques avec plusieurs dizaines d'autres langues. Ces concordances sont si nombreuses et
si précises qu'il n'est possible de les expliquer qu'en admet-
tant que toutes ces langues sont issues d'un seul et même
idiome. Cet idiome, ancêtre commun de toutes ces langues,

---

(21) P. KRETSCHMER, *Glotta* 1 (1909), pp. 9-34.
(22) Dans la théorie kretschmérienne, ces deux groupes dia-
     lectaux n'en forment qu'un seul, appelé *achéen*.

est appelé conventionnellement indo-européen (23).

Pendant un temps indéterminable, mais qui a dû être fort long, cet indo-européen est resté un parler sensiblement unitaire, bien que non nécessairement homogène. Mais avec le temps, une série de clivages dialectaux s'y sont fait jour. Ces clivages se sont accentués, et ont finalement fait apparaître les ancêtres des langues connues à date historique.

Dans le cas du grec, nous donnerons à cet ancêtre le nom conventionnel de grec prédialectal (24).

La date précise à laquelle il faut situer l'émergence de ce grec prédialectal est inconnue. Disons, pour fixer les idées, qu'elle ne peut probablement pas être postérieure à l'an 2000 avant notre ère.

Faire la préhistoire du grec consiste, par conséquent, à tenter de reconstituer l'évolution qui a conduit ce grec prédialectal d'avant l'an 2000 à se fragmenter en la multitude des parlers de l'époque classique. Il y a là un vide d'un gros millénaire à combler.

3.2. MOYENS DISPONIBLES

De quels moyens disposons-nous pour arriver à cet objectif ?

Ils sont de deux sortes : d'une part, les données linguistiques fournies par les dialectes eux-mêmes. D'autre part, les éléments extra-linguistiques que nous livrent l'histoire, les traditions légendaires et l'archéologie.

---

(23) Sur l'indo-européen, on consultera toujours avec profit le livre, classique, d'A. MEILLET, *Introduction à l'étude comparative des langues indo-européennes*, Paris, 1937[8] (réimpression en 1964). Bonne présentation résumée dans J. HAUDRY, *L'indo-européen*, Paris, 1979. Voir aussi O. SZEMERENYI, *Einführung in der vergleichende Sprachwissenschaft*, Darmstadt, 1980[2].

(24) Une autre appellation utilisée pour désigner cet état de langue est *grec commun*.

34

3.2.1. Données linguistiques

Les données linguistiques sont surtout constituées par
les isoglosses qui réunissent certains dialectes en les oppo-
sant à d'autres. Nous en avons déjà parlé (§ 2), mais il faut
y revenir.

3.2.1.1. *Isoglosses pré- et pandialectales*

Il existe un groupe d'isoglosses qui sont présentes dans
tous les dialectes grecs. En voici quelques exemples :

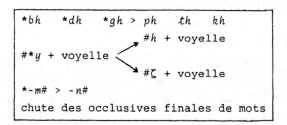

De quand datent ces isoglosses ? Il y a deux possibilités : avant, ou bien après la division dialectale. Dans le
premier cas, il s'agit d'isoglosses apparues déjà en grec
prédialectal, dans l'ancêtre commun de tous les dialectes
ultérieurs. Dans le second cas, ce sont des isoglosses pandialectales, qui se sont manifestées indépendamment dans chaque parler grec.

Avant 1952, nous étions incapables de choisir entre ces
deux possibilités. Le déchiffrement du mycénien a révélé que
certaines isoglosses sont prémycéniennes, mais que d'autres
sont plus récentes, et se situent à date mycénienne ou postmycénienne, comme le montre le tableau suivant :

prémycénien (sûr)	*bh *dh *gh > ph th kh
	#*y + voyelle > #ζ + voyelle
prémycénien (probable)	chute des occlusives finales
mycénien (sûr)	#*y + voyelle > #h + voyelle
postmycénien (probable)	*-m# > -n#

Comme le mycénien est postérieur à la différenciation
dialectale (§ 3.4.2.1), nous sommes maintenant assurés que les
isoglosses de date mycénienne ou postmycénienne sont pandialectales.

Cette chronologie est extrêmement précieuse, car elle
nous dote de points de repère solides, jalonnant la préhistoire du grec.

3.2.1.2. *Isoglosses dialectales et autres problèmes*

L'étude des isoglosses dialectales (non présentes dans
tous les parlers grecs) est un domaine prodigieusement difficile. Telle isoglosse est-elle une innovation commune à plusieurs dialectes, un archaïsme conservé, ou encore une innovation indépendante ? La réponse, souvent, n'est pas évidente.
Mais supposons qu'elle le soit. Comment apprécier la qualité
des isoglosses, pour déterminer si l'on a affaire à un indice
majeur ou à un élément négligeable ? Quand les situer dans
le temps ? Comment concevoir la dynamique même des changements dialectaux ? Faut-il y voir le jeu de facteurs inter-
nes, ou externes - et lesquels ? Quel modèle linguistique,
enfin, adopter pour reconstituer l'évolution : arbre généalogique, théorie des ondes, ou bien encore - modèle qui me paraît
le plus fécond dans le cadre indo-européen - une combinaison
des deux (25) ?

---

(25) La théorie de l'arbre généalogique conçoit l'évolution
    des langues sur le modèle de ce qui s'observe dans les
    organismes vivants : une langue donne naissance à une ou
    ...../...

La plupart de ces questions n'admettent pas de réponse
assurée, même si l'affinement des méthodes d'investigation
existantes et le recours à de nouvelles (26) permettent des
progrès réguliers. Terrain mouvant, par conséquent, où les
hypothèses se rencontrent de loin plus fréquemment que les
certitudes.

3.2.2. Données extra-linguistiques

A côté des éléments purement linguistiques, nous disposons aussi des renseignements fournis par l'histoire, les traditions anciennes et l'archéologie.

Ce sont des données dont les linguistes se méfient en
général, et à juste titre, car elles sont souvent ambiguës
ou inexactes. Personne n'a encore réussi à faire parler les
pierres ou la poterie. Et les récits historiques ou légendaires fournissent souvent des versions contradictoires, parmi lesquelles il est bien difficile de choisir.

Malgré ses défauts, ce type de source peut être précieux
lorsqu'il confirme ou complète les résultats obtenus par ailleurs lors de l'étude linguistique (on en trouvera un exemple § 4).

.../... plusieurs autres, qui se perpétue(nt) elle(s)-même(s)
dans d'autres, etc. La théorie des ondes envisage ce
même phénomène en termes d'innovations se diffusant dans
diverses directions à partir d'un ou plusieurs centre(s)
donné(s). Sur ces questions, voir R. ANTTILA, *An Introduction to Historical and Comparative Linguistics*, New
York - Londres, 1972, pp. 300-309 ; G. JUCQUOIS, *Introduction à la linguistique différentielle* II, Louvain,
1976, pp. 134-140.

(26) Exemple de méthode nouvellement appliquée en dialectologie grecque ancienne : l'étude statistique d'un ensemble
d'isoglosses, qui permet d'apprécier plus objectivement
les relations interdialectales (voir R. COLEMAN, *Transactions of the Philological Society* 1963 (1964), pp. 58-
126 ; A. BARTONĚK, *op. cit.* [n. 20]).

3.3. OBSTACLES

En utilisant les données linguistiques, et en appelant
en renfort les enseignements de l'histoire et de l'archéologie, il est donc possible d'essayer de reconstituer la préhistoire des dialectes grecs. Mais cet essai se heurte à plusieurs difficultés importantes.

J'en ai déjà évoqué certaines. Il faut maintenant en
ajouter trois autres.

3.3.1. Différences chronologiques

La première tient aux différences chronologiques qui sé-
parent les premières attestations des différents dialectes.

Le tableau de la fig. 12 montre bien la disparité considérable qui existe entre les dialectes. Certains sont attestés au XIIIe siècle, au XIe, au VIIIe ; d'autres seulement
à partir du VIIe, du VIe, du IVe siècle même. Comparer le
pamphylien avec le mycénien, par exemple, revient à rappro-
cher deux états de langue aussi dissemblables qu'un texte de
Voltaire et les serments de Strasbourg de 842.

3.3.2. Vitesses d'évolution différentes

Deuxième difficulté : non seulement les dialectes n'ont
pas, pour nous, le même point de départ, mais leurs vitesses
d'évolution ne sont pas toujours les mêmes.

Ainsi, les occlusives labio-vélaires ont perdu leur ar-
ticulation propre dans tous les dialectes classiques. Mais
il existe une exception : en arcadien, elles sont parfois
notées de façon spéciale encore au Ve siècle (27).

---

(27) Quatre graphies différentes, connues par trois inscriptions : le signe spécial Ϻ (voir texte n° 42 ci-dessous) ;
ζ ; ζτ ; τζ .

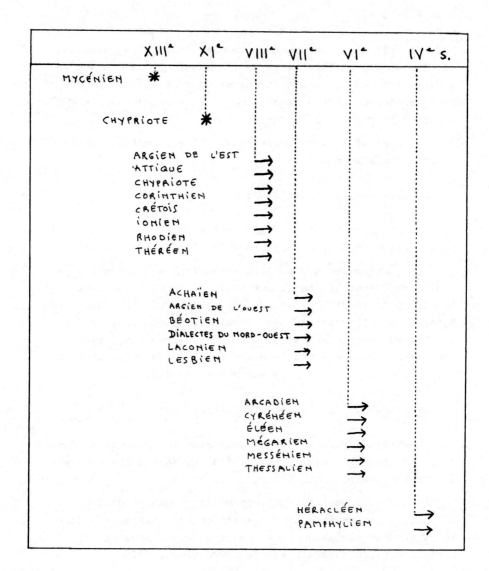

12. Premières attestations des dialectes grecs

3.3.3. Interactions dialectales

Dernier obstacle, peut-être le plus important de tous :
notre ignorance des interactions qui ont existé entre chaque
dialecte et d'autres idiomes, qu'ils soient grecs ou non hel-
léniques.

Il n'existe pas de langue absolument pure, nous le sa-
vons. Et même si un parler est directement issu d'un autre
(28), il subit inévitablement une foule de contacts qui l'in-
fluencent plus ou moins profondément.

Dans un certain nombre de cas, ces influences sont bien
visibles. Par exemple, à partir du IVe siècle, tous les dialectes vont être soumis à l'influence de la κοινή. La κοινή,
c'est la langue commune, à base d'ionien et d'attique. Elle
va se diffuser de plus en plus largement et elle finira par
supplanter presque tous les vieux dialectes. Dès les environs
de 400, on peut suivre ses progrès. Et lorsque, dans un texte
dorien, le nom de la "stèle" n'est plus στάλα, comme il se
doit, mais στήλη, comme en κοινή, cela signifie que le dialecte local est en train de mourir.

L'exemple qui vient d'être donné est évidemment très
clair. Mais il y en a bien d'autres, malheureusement, où l'on
hésite : y a-t-il eu influence, ou pas ? Et si oui, d'où vient-
elle ? De quand date-t-elle ? Il y a aussi les cas, qui doivent être très nombreux, où nous ne nous rendons même pas compte
qu'un dialecte a été influencé par d'autres.

Il y a là des lacunes énormes, qui handicapent évidemment
les recherches.

_____

(28) Dire d'un parler qu'il est l'ancêtre (ou qu'il descend)
    d'un autre n'est qu'une façon commode et conventionnelle
    d'en résumer l'histoire. En fait, il n'existe probable-
    ment aucune langue naturelle qui ne soit le résultat du
    mélange de deux types de composantes : d'une part, idiome
    (ou, en cas de langue mixte, groupe de plusieurs idiomes)
    fournissant la base de ses ressources linguistiques ;
    d'autre part, parlers divers entrés en contact avec elle
    et l'ayant influencée plus ou moins profondément. Voir
    § 3.2.1.2. et n. 25.

3.4. RESULTATS

En résumé, reconstruire la préhistoire des dialectes
grecs revient à ceci : il faut essayer de remonter dans le
temps à partir de parlers dont le point d'arrivée à date historique n'est pas le même, qui ont eu des vitesses d'évolution
différentes, et dont nous ignorons souvent les influences su-
bies.

La tâche est difficile, et il ne faut pas s'étonner si
elle a abouti à une série d'essais très différents, et par
leurs présupposés, et par leurs méthodes, et, bien entendu,
par leurs résultats.

Il ne peut être question ici de présenter tous les problèmes discutés. Je me limiterai à trois questions particulièrement importantes :

1) la position dialectale du mycénien (§ 3.4.1) ;
2) la répartition des dialectes non doriens au IIe millénaire (§ 3.4.2) ;
3) le problème des invasions doriennes (§ 3.4.3).

3.4.1. Position du mycénien

Lorsque le mycénien a été déchiffré, il est tout de suite
apparu qu'il s'agissait d'un dialecte non dorien. On pouvait
donc s'attendre à ce qu'il soit l'ancêtre d'un parler de type
soit arcado-chypriote, soit éolien, soit ionien-attique.

La surprise est venue de ce que le mycénien ne recoupe
exactement aucun des dialectes du premier millénaire. Bien au
contraire, il possède une série d'isoglosses communes avec
chacun des trois groupes dialectaux non doriens. En voici
quelques exemples particulièrement clairs :

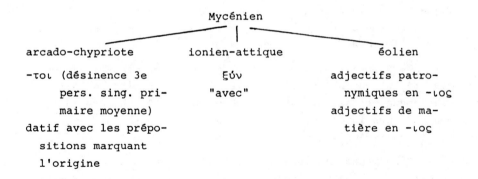

Mycénien		
arcado-chypriote	ionien-attique	éolien
-τοι (désinence 3e pers. sing. primaire moyenne) datif avec les prépositions marquant l'origine	ξύν "avec"	adjectifs patronymiques en -ιος adjectifs de matière en -ιος

Ces chevauchements font évidemment problème, et il faut tenter de les expliquer.

La question se complique du fait que le mycénien n'est pas absolument monolithique. Il s'agit d'un parler remarquablement uniforme, il faut le reconnaître. Mais on observe parfois de menues différences d'un site à l'autre, et même d'un fonctionnaire à l'autre (29). Ainsi, à Pylos, le scribe 24 est le seul à employer une forme σπέρμα (pe-ma) du nom de la "semence" : tous ses collègues emploient σπέρμο (pe-mo).

Des variations de ce genre forcent à s'interroger sur la véritable nature du mycénien. A quoi avons-nous affaire ? Est-ce la langue parlée par la majorité de la population des royaumes mycéniens ? Ou bien s'agit-il de la langue d'une élite, comparable, *mutatis mutandis*, à l'ionien d'Asie Mineure que nous avons évoqué précédemment (§ 1.1).

On tend aujourd'hui à penser que c'est cette dernière possibilité qui est la bonne. Il y a à cela une raison assez évidente : le mycénien ne nous est connu que par des documents administratifs officiels. C'est donc bel et bien la langue du pouvoir.

Du coup, les petites variations dont nous parlons s'expliquent très bien : il doit s'agir de cas où l'employé a noté les formes qu'il prononçait chez lui, au lieu de celles qu'uti-

---

(29) On a réussi à individualiser l'écriture de bon nombre de fonctionnaires mycéniens.

lisait l'administration. Le phénomène est assez comparable
à l'itacisme dont nous avons parlé (§ 1.3), lorsqu'un écolier
écrit 'Αθινᾶ au lieu d''Αθηνᾶ, etc.

Ceci permet de déceler deux composantes dans la langue
des tablettes en linéaire B : le niveau "normal", reflétant
la langue officielle, et le niveau "spécial", issu du ou des
parlers pratiqué(s) en dehors des cercles du pouvoir (30)
(voir aussi § 3.4.2.4.1).

J'en viens maintenant à la question qui nous occupe :
quelles sont les relations du mycénien avec les trois familles dialectales non doriennes ?

Il s'agit d'un problème qui est compliqué par le fameux
décalage de temps que nous avons évoqué (§ 3.3.1). On ne peut
pas comparer le mycénien avec l'ionien et l'attique, par exemple, parce que la différence chronologique qui les sépare est
trop grande. On doit le comparer avec l'ancêtre de l'ionien
et de l'attique. Mais comme cet ancêtre est inconnu, il faut
le reconstituer. Le malheur vient de ce que tous les savants
ne le reconstituent pas de la même façon.

De là, une série de positions très différentes, dont la
fig. 13 donne les principales (31).

La plupart de ces schémas ont un élément commun : ils
reconnaissent les affinités particulières que le mycénien
présente avec le groupe arcado-chypriote.

Mais il reste à savoir si le mycénien se rattache (avec
d'éventuelles bigarrures provenant de contacts interdialectaux) au seul groupe arcado-chypriote, ou bien à un ensemble
plus vaste : arcado-chypriote plus ionien-attique ; ou bien
plus éolien ; ou encore plus ionien-attique et éolien.

---

(30) On doit cette importante découverte à E. RISCH, *Proceedings
of the Cambridge Colloquium on Mycenaean Studies*, Cambridge,
1966, pp. 150-157.

(31) La fig. 13 ne constitue qu'un schéma et simplifie, par conséquent, les positions en présence (ainsi, le caractère
plus ou moins homogène des ensembles auxquels est rattaché
le mycénien, qui varie d'après les auteurs ; etc.).

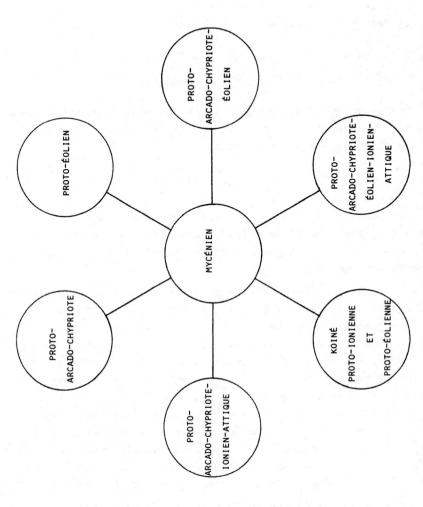

13. Rapports du mycénien avec les autres dialectes : principales théories en présence

Ceci nous introduit dans le problème le plus épineux de toute la préhistoire dialectale grecque : la répartition des dialectes non doriens au IIe millénaire.

3.4.2. Répartition des dialectes non doriens au IIe millénaire

Cette question est une véritable bouteille à encre. Aussi y a-t-il intérêt à commencer par les rares éléments dont on puisse être sûr. J'en vois trois.

3.4.2.1. *Stade dialectal du grec atteint au XIIIe siècle*

Le premier est que, à l'époque mycénienne, le grec a dépassé sa phase prédialectale. Autrement dit, nous nous trouvons à un stade où des dialectes grecs sont déjà différenciés les uns des autres.

Pourquoi peut-on en être sûr ? Parce que l'une des pierres de touche de la fragmentation dialectale est l'évolution de la séquence *ti* héritée de l'indo-européen. Dans un certain nombre de dialectes - béotien, thessalien et parlers occidentaux -, *ti* reste encore inchangé à l'époque classique. Mais ailleurs, *ti* évolue en *si*. Or, en mycénien, *ti* est déjà passé à *si*. Par conséquent, il faut admettre qu'il existait au XIIIe siècle au moins deux catégories de dialectes. La première comprend au minimum les ancêtres de tous les parlers occidentaux, et, peut-être (la question est discutée), le proto-béotien et le proto-thessalien ; *ti* n'y est pas altéré. Dans la deuxième, dont fait partie le mycénien, *ti* a abouti à *si*.

Il y a un accord quasiment général sur ce point.

3.4.2.2. *Isoglosses communes à l'ionien-attique et à l'arcado-chypriote*

La deuxième donnée relativement sûre est la suivante. A un moment donné, les ancêtres de l'ionien-attique et de l'arcado-chypriote ont eu des affinités très considérables. Ceci ressort

d'un important groupe d'isoglosses qui ont chance d'avoir été
des innovations communes à ces deux groupes dialectaux. Les
principales d'entre elles sont les suivantes :

---

*ss, *ts et une partie des emplois de *t(h)y > σ
(et non σσ/ττ)
ιερός (et non ιαρός/ιρος)
infinitif athématique en -ναι (et non -μεν/-μεναι)
βούλομαι/βόλομαι (et non βέλλομαι/βήλομαι/δήλομαι)
adverbes de temps en -τε (et non en -κα/-τα)

3.4.2.3. *Isoglosses communes au mycénien et
à l'arcado-chypriote*

Troisième élément, que nous venons d'admettre (§ 3.4.1) :
le mycénien a des affinités spéciales avec l'arcado-chypriote.

3.4.2.4. *Exemples de problèmes*

A partir des données qui viennent d'être admises, il devient possible d'aborder des questions plus complexes. J'en
donne ici deux exemples : le problème de la descendance éven-
tuelle du mycénien (§ 3.4.2.4.1), et la situation dialectale
au XIIIe siècle (§ 3.4.2.4.2).

3.4.2.4.1. Descendance du mycénien

Existe-t-il un ou plusieurs dialectes classiques qui soient
héritiers (32) du mycénien ?

On a vu plus haut que le mycénien présente des isoglosses
avec chacun des trois groupes dialectaux non doriens du premier
millénaire : arcado-chypriote, ionien-attique et éolien (§ 3.4.1).

La question de savoir si l'un de ces groupes (ou l'un des
parlers qui les composent) peut descendre du mycénien a été

---

(32) Voir note 28.

souvent discutée, sans réussir à arriver à un consensus.

Or, il existe un ensemble d'éléments que l'on n'a pas
encore fait intervenir, et qui pourrait pourtant donner au dé-
bat des assises bien plus solides. Ces éléments sont fournis
par les traits grecs non doriens du crétois classique. Plusieurs de ces traits sont pancrétois, tandis que d'autres sont
limités à certaines localités de l'île, surtout concentrées en
Crète centrale. Ils doivent nécessairement avoir été légués
par un dialecte grec parlé (i) avant la conquête dorienne,
(ii) dans la totalité ou la plus grande partie de l'île, (iii)
avec une implantation particulièrement forte dans le centre
crétois. Nous ne connaissons qu'un seul parler qui remplisse
ces trois conditions : c'est le mycénien.

Si l'on veut, par conséquent, déterminer quel(s) dialec-
te(s) grec(s) du premier millénaire a (ont) le plus de chances
d'avoir continué le mycénien, il suffit de déterminer quelle
est l'origine dialectale des traits non doriens du crétois.

Or, le caractère arcado-chypriote de la plupart de ces
traits est évident (33).

Il en résulte inévitablement une conséquence capitale :
c'est dans le groupe arcado-chypriote, à l'exclusion de tous
les autres, qu'il faut chercher le(s) éventuel(s) descendant(s)
du mycénien.

Mais puisque le mycénien a deux composantes dialectales
(§ 3.4.1), il faut aller plus loin, et vérifier le degré d'af-
finité qu'a chacune d'entre elles avec l'arcado-chypriote.

A en juger d'après trois traits particulièrement typiques
qui opposent mycénien "normal" et "spécial" (voir tableau ci-
dessous), le mycénien "normal" diffère totalement de l'arcado-
chypriote (et, d'ailleurs, de tous les autres dialectes grecs

---

(33) Sur cette question, voir Y. DUHOUX, *Les éléments grecs non
doriens du crétois et la situation dialectale grecque au
IIe millénaire* (en préparation).

connus) (34). A moins d'évolution postérieure à 1200 (35),
il n'a donc probablement eu aucun descendant attesté au premier millénaire (36), bien qu'il ait sans doute fait partie
de la même famille dialectale que l'ancêtre de l'arcadien
et du chypriote.

| | formes les plus fréquentes en mycénien | |
	"normal"	"spécial"
datif singulier consonantique	-ει	-ι
suffixe *-mṇ	-μο	-μα
"Artémis" etc.	Ἄρτιμις	Ἄρτεμις

Le mycénien "spécial" est dans une situation toute différente, car ses trois traits coïncident parfaitement avec les
données arcado-chypriotes.

Il est, du coup, tentant de supposer que l'arcadien et
le chypriote pourraient avoir trouvé leur source dans le mycénien "spécial", lequel ne serait autre que le proto-arcado-
chypriote (37).

Cette hypothèse s'accorde bien avec l'ensemble de raisons
qui font penser que le proto-arcado-chypriote devait exister
en tant que tel avant 1200 (§ 4).

---

(34) Noter cependant que le pamphylien connaît Ἄρτιμις et emploie même cette forme plus souvent qu'Ἄρτεμις (C. BRIXHE,
op. cit. [n. 8], pp. 18-19).

(35) Une évolution de -ει > -ι (remplacement de la désinence
de datif par celle de locatif) est parfaitement imagina-
ble en mycénien "normal". Mais il n'en va pas de même
pour un hypothétique passage de -μο > -μα et d'Ἄρτιμις
etc. > Ἄρτεμις etc., qui seraient clairement des construc-
tions *ad hoc*.

(36) Ainsi, E. RISCH, *art. cit.* [n. 30], p. 157 ; dans le même
sens, W. COWGILL, M. DORIA, N.S. GRINBAUM, cités dans *Studia Mycenaea*, Brno, 1968, pp. 195-196.

(37) Ainsi, A. BARTONĚK, *Studia Mycenaea*, Brno, 1968, pp. 47-48.

Si l'on admet tout ce qui précède, il est tentant d'expliquer la disparition du mycénien "normal" et la survivance du
mycénien "spécial" en termes sociolinguistiques (38) : le mycénien "normal", langue officielle, et, comme telle, parlée
par des groupes minoritaires, n'aurait pas survécu à la destruction des structures politiques et sociales qui condition-
naient son existence. Il se serait donc éteint à partir de la
fin du XIIIe siècle, lors de l'effondrement des royaumes mycéniens. Le mycénien "spécial", langue populaire et donc plus
répandue, aurait été peu affecté par la chute des palais et
aurait survécu dans les deux régions de langue mycénienne non
conquises par les Doriens : l'Arcadie et Chypre.

3.4.2.4.2. Situation dialectale au XIIIe siècle

Comment concevoir la situation dialectale avant la fin
de l'époque mycénienne - disons au XIIIe siècle ? Le tableau
de la fig. 14 donne une idée des six principales théories ac-
tuellement défendues (pour plus de clarté, le mycénien en a
été exclu).

Ces schémas mettent bien en lumière les deux grands problèmes en jeu :

(i) faut-il admettre que la différenciation des groupes
dialectaux non doriens s'est produite à date prémycénienne
(III-VI) ou postmycénienne (I-II) ?

(ii) que faire du proto-ionien-attique, du proto-arcado-
chypriote et du proto-éolien ?

Deux grandes possibilités sont à envisager :

(a) groupes dialectaux autonomes :
          proto-ionien-attique (IV-VI)
          proto-arcado-chypriote (V-VI)
          proto-éolien (III, V-VI)

_____

(38) Ainsi, E. RISCH, *ibid.* [n. 36].

49

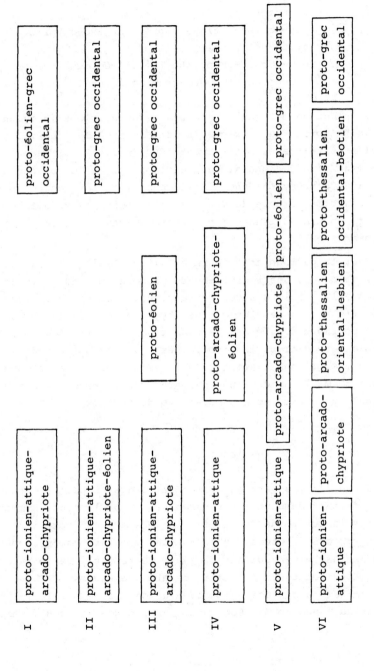

14. Situation dialectale grecque au XIIIe siècle :
principales théories en présence

I   proto-ionien-attique-arcado-chypriote   proto-éolien-grec occidental

II   proto-ionien-attique-arcado-chypriote-éolien   proto-grec occidental

III   proto-ionien-attique-arcado-chypriote   proto-éolien   proto-grec occidental

IV   proto-ionien-attique   proto-arcado-chypriote-éolien   proto-grec occidental

V   proto-ionien-attique   proto-arcado-chypriote   proto-éolien   proto-grec occidental

VI   proto-ionien-attique   proto-arcado-chypriote   proto-thessalien oriental-lesbien   proto-thessalien occidental-béotien   proto-grec occidental

(b) ensembles plus vastes :

        proto-ionien-attique + proto-arcado-
           chypriote (I, III)

        proto-ionien-attique + proto-arcado-chypriote +
           proto-éolien (II)

        proto-arcado-chypriote + proto-éolien (IV)

        proto-éolien + proto-grec occidental (I)

Celui qui admet que le proto-arcado-chypriote (= mycénien "spécial") aurait déjà existé (à côté du mycénien "normal", auquel il serait apparenté) avant 1200 (§ 3.4.2.4.1) adoptera évidemment l'idée d'une différenciation des dialectes non do-riens à date prémycénienne. Et il choisira, pour cette épo-que, un schéma du type de V-VI, avec au moins deux familles dialectales non doriennes : proto-arcado-chypriote et proto-ionien-attique.

Pour la période antérieure au XIIIe siècle, il faut ad-mettre en ce cas des regroupements plus larges, du genre des schémas I-IV. Mais sur ces regroupements, on ne peut présen-tement rien faire de plus que des hypothèses invérifiables. Ainsi, pour prendre le cas le plus favorable, il n'est pas possible de savoir si les isoglosses réunissant l'arcado-chypriote et l'ionien-attique (§ 3.4.2.2) doivent être inter-prétées comme l'indice d'une parenté préhistorique ou comme le résultat de simples contacts interdialectaux.

3.4.3. Les invasions doriennes

Jusqu'il y a sept ans, la réalité des invasions dorien-nes ne faisait de doute pour personne. Tout le monde admettait qu'après la guerre de Troie, les Doriens avaient envahi de larges régions de Grèce, subjugant les populations grecques prédoriennes qui y habitaient déjà. Cette façon de voir rece-vait l'appui de toute la tradition grecque ancienne. De plus, elle semblait avoir été splendidement confirmée par le déchif-frement du linéaire B. Pourquoi ? Parce que ce déchiffrement

avait révélé qu'à l'époque mycénienne, on parlait un dialecte non dorien à Pylos, Tirynthe, Mycènes et en Crète. Or,
dans ces régions, on ne parlait que dorien à l'époque classique (fig. 1-2). Ce simple fait prouvait, sans aucun doute
possible, que les Doriens étaient venus se surimposer à d'autres Grecs.

Tout semblait donc pour le mieux dans le meilleur des
mondes. Mais en 1976, a éclaté une petite bombe : l'un des
déchiffreurs du mycénien, John Chadwick, a lancé l'idée que
les invasions doriennes n'auraient tout simplement jamais
existé (39).

Bien entendu, Chadwick admet que les Doriens sont entrés
en Grèce. Mais il prétend qu'ils ne l'ont pas fait après la
guerre de Troie, mais bien auparavant, en même temps que les
autres Grecs.

Quels sont ses arguments ? En voici l'un ou l'autre :

1) Chadwick part d'un fait archéologique bien connu : les
invasions doriennes n'ont laissé aucune trace matérielle qui
leur soit propre. Il y a eu des destructions, évidemment,
mais il n'existe pas un seul objet de l'époque que l'on puisse indiscutablement qualifier de "dorien". Ceci n'a rien
d'étonnant si l'on admet que les Doriens étaient déjà pré-
sents en Grèce depuis longtemps, et utilisaient les mêmes objets que les autres Grecs.

2) Chadwick voit dans le mycénien "spécial" un dialecte
proto-dorien, ce qui prouverait la présence de Doriens au
coeur même des royaumes mycéniens. Ces Doriens auraient été
réduits en servage par les Mycéniens. Mais un jour, ils se
seraient révoltés et auraient pris le pouvoir. C'est cette
révolte que tout le monde aurait pris - à tort - pour une in-
vasion.

(39 J. CHADWICK, *La Parola del Passato* 31 (1976), pp. 103-117 ;
id., *Anzeiger der oesterreichischen Akademie der Wissenschaften, Philosophisch-historische Klasse* 113 (1976) : 7,
pp. 183-198 ; Πεπραγμένα τοῦ Δ´ Διεθνοῦς Κρητολογικοῦ
Συνεδρίου I (1), Athènes, 1980, pp. 62-66.

3) Chadwick interprète les éléments arcado-chypriotes
du dialecte dorien de Crète (§ 3.4.2.4.1) comme l'indice d'une
présence dorienne dans l'île à l'époque mycénienne.

Quel accueil réserve-t-on à cette théorie révolutionnaire ?
Le moins que l'on puisse dire, c'est qu'il est mitigé - ceci
est surtout vrai du côté des linguistes, qui ont manifesté un
scepticisme assez général.

Ces réserves viennent de ce que presque tous les arguments
mis en oeuvre sont, en fait, retournables.

Par exemple, l'argument du vide archéologique a été con-
tré de la manière suivante : on a relevé des cas indiscutables
d'invasions qui n'ont laissé aucune ou presqu'aucune trace
d'intrusion culturelle. Ainsi, les Celtes en Asie Mineure,
au IIIe siècle avant notre ère ; ou les Slaves dans le Péloponnèse, au VIe siècle après J.-C.

De même, il ne semble pas exister de scribe connu pour
utiliser des traits de mycénien "spécial" qui emploie des formes comportant une séquence *ti non assibilée, ce qui serait
un trait typiquement dorien. Bien plus, une forme comme ῎Αρτε-
μις, en mycénien "spécial" (§ 3.4.2.4.1), est en opposition
flagrante avec la forme dorienne attendue, ῎Αρταμις.

Enfin, la date de pénétration d'éléments arcado-chypriotes
en crétois doit être située après le XIIe siècle dans un certain nombre de cas.

4. APPENDICE I : DATE D'ÉMERGENCE DU PROTO-ARCADO-CHYPRIOTE

L'arcadien et le chypriote remontent tous deux à un ancêtre commun : telle est, en effet, la seule façon d'expliquer
l'important ensemble d'isoglosses qui rapprochent ces deux
dialectes à date historique (un exemple en a été donné § 2).

Cette reconstruction est purement linguistique, mais elle
reçoit l'appui de la tradition grecque, qui raconte que des

53

Arcadiens se seraient installés à Chypre après la guerre de
Troie. D'après le récit de Pausanias, le roi Agapénor, qui
commandait le contingent arcadien, aurait été rejeté par une
tempête à Chypre. Il s'y serait établi, fondant la ville de
Paphos et édifiant le temple d'Aphrodite paphienne (40).

Les fouilles menées dans la Troie homérique font situer
la chute de la ville vers 1250 ou 1200 (41). C'est donc à
cette époque qu'il convient de situer l'arrivée des Arcadiens
à Chypre.

Or, cette façon de voir vient d'être spectaculairement
confirmée par des fouilles archéologiques récemment effectuées
à Chypre même, qui ont montré que le temple d'Aphrodite à Pa-

---

(40) Pausanias VIII.5.2 : Ἀγαπήνωρ δὲ ὁ Ἀγκαίου τοῦ Λυκούργου
μετὰ Ἔχεμον βασιλεύσας ἐς Τροίαν ἡγήσατο Ἀρκάσιν. Ἰλίου
δὲ ἁλούσης, ὁ τοῖς Ἕλλησι κατὰ τὸν πλοῦν τὸν οἴκαδε
ἐπιγενόμενος χειμὼν Ἀγαπήνορα καὶ τὸ Ἀρκάδων ναυτικὸν
κατήνεγκεν ἐς Κύπρον, καὶ Πάφου τε Ἀγαπήνωρ ἐγένετο
οἰκιστὴς καὶ τῆς Ἀφροδίτης κατεσκευάσατο ἐν Παλαιπάφῳ
τὸ ἱερόν· τέως δὲ ἡ θεὸς παρὰ Κυπρίων τιμὰς εἶχεν ἐν
Γολγοῖς καλουμένῳ χωρίῳ. Χρόνῳ δὲ ὕστερον Λαοδίκη γε-
γονυῖα ἀπὸ Ἀγαπήνορος ἔπεμψεν ἐς Τεγέαν τῇ Ἀθηνᾷ τῇ Ἀλέᾳ
πέπλον· τὸ δὲ ἐπὶ τῷ ἀναθήματι ἐπίγραμμα καὶ αὐτῆς Λαοδί-
κης ἅμα ἐδήλου τὸ γένος·
    Λαοδίκης ὅδε πέπλος· ἑᾷ δ' ἀνέθηκεν Ἀθηνᾷ
    πατρίδ' ἐς εὐρύχορον Κύπρου ἀπὸ ζαθέας.
"Agapénor, fils d'Ancaios, petit-fils de Lycurgue, qui
régna après Echémos, conduisit les Arcadiens à Troie.
Après la prise d'Ilion, la tempête que les Grecs essuyè-
rent durant leur navigation de retour jeta Agapénor et
la flotte arcadienne à Chypre. Agapénor fonda Paphos
et construisit le temple d'Aphrodite à Palaipaphos - jusqu'à ce moment, la déesse était honorée par les Chypriotes à l'endroit appelé Golgoi. Plus tard, Laodicé, fille
d'Agapénor, envoya un péplos à Tégée pour Athéna Aléa.
L'inscription figurant sur l'offrande révélait en même
temps l'origine de Laodicé elle-même :
    'Voici le péplos de Laodicé ; depuis la très sainte
    Chypre, elle l'a dédié à son Athéna, dans sa vaste
    patrie'."

(41) La ville homérique coïncide très probablement avec le
niveau stratigraphique VIIa. La destruction de Troie
VIIa est située par C.W. BLEGEN, *Cambridge Ancient History* II.2, Cambridge, 1975[3], pp. 161-163 vers 1250, mais
la date de 1200 a aussi été défendue (voir par exemple
F.H. STUBBINGS, *ibid.*, p. 350).

phos avait été édifié aux environs de 1200 (42).

Outre les Arcadiens, d'autres habitants du Péloponèse,
- Achaïens, Argiens, Laconiens et Messéniens - ont très probablement dû s'établir vers cette époque à Chypre, comme en
témoignent la toponymie et les récits de fondation de villes
(43). On examinera plus bas la question de savoir quel(s)
dialecte(s) parlaient ces émigrés péloponnésiens non origi-
naires d'Arcadie. Ce qu'il faut retenir pour l'instant, c'est
que le proto-chypriote se constitue aux environs de 1200 à
partir de l'ensemble humain que constituent Arcadiens, Achaïens,
Argiens, etc.

L'émergence du proto-chypriote marque le moment où l'unité préhistorique proto-arcado-chypriote se brise. Cette cas-
sure semble avoir été irréversible. D'une part, en effet,
Chypre est séparée du Péloponèse par mille km de mer. Ensuite, des désordres éclatent sur le continent grec dès la
fin du XIIIe siècle, ce qui rend les communications diffici-
les (44). Enfin la conquête dorienne, à partir des environs
de 1140 (45), va couper hermétiquement l'Arcadie de Chypre en
l'entourant d'une véritable ceinture de parlers occidentaux,
recouvrant et éliminant les autres parlers non doriens du Péloponnèse.

Tout ceci a l'air anodin, mais il en résulte une conclusion capitale : avant 1200, l'ancêtre commun de l'arcadien et

---

(42) V. KARAGEORGHIS, *Comptes Rendus de l'Académie des Inscriptions et Belles-Lettres* 1980, pp. 122-136 ; Πρακτικά
τῆς ᾽Ακαδημίας ᾽Αθηνῶν 55 (1980), pp. 72-85.

(43) E. MEYER, *Kypros, Der Kleine Pauly* III, Stuttgart, 1969,
col. 406.

(44) La difficulté des communications n'exclut évidemment pas
toute possibilité de contacts chypro-arcadiens après
1200 - voir le récit de Pausanias cité n. 40, où Laodicé, après la colonisation arcadienne à Chypre, envoie
un péplos à Tégée d'Arcadie. Toutefois, rien ne permet
d'attribuer à ces relations une durée et une intensité
suffisantes pour avoir entraîné des conséquences linguistiques marquantes.

(45) Cf. N.G.L. HAMMOND, *Cambridge Ancient History* II.2,
Cambridge, 1975³, pp. 678-712.

du chypriote devait être distinct des autres groupes dialectaux. Pourquoi ? Parce que si le proto-arcadien et le proto-
chypriote ont été coupés l'un de l'autre après 1200, leurs
ressemblances ne peuvent s'expliquer que si elles se trouvaient
déjà dans leur ancêtre commun avant 1200 (46).

Il faut, maintenant, se poser deux questions. (i) Les
faits archéologiques arcadiens autorisent-ils la reconstitution qui vient d'être esquissée - l'Arcadie d'avant 1200 avait-
elle une population suffisamment étendue pour que le proto-
arcado-chypriote ait pu s'y développer ? (ii) Et parlait-on
ce dialecte dans les autres régions du Péloponnèse dont proviennent les colonisateurs de Chypre (Achaïe, Argolide, Laconie,
Messénie) ?

(i) Jusqu'il y a quelques années, on était tenté de répondre négativement à la première question en raison du vide
humain impressionnant qui semblait régner dans le territoire
arcadien (47). Les explorations - pourtant très partielles -
faites tout récemment ont complètement modifié les données du
problème, en révélant une occupation humaine non négligeable
à dates helladiques moyenne ($\pm$ 2000-1550) et récente ($\pm$ 1550-
1125) (48). On ne peut plus, par conséquent, s'imaginer l'Arcadie comme une zone virtuellement inoccupée à l'époque mycénienne.

(ii) L'enracinement du proto-arcado-chypriote en Argolide
et en Messénie ne fait pas la moindre difficulté - bien au
contraire, si l'on admet l'idée, défendue plus haut (§ 3.4.2.

---

(46) Le raisonnement est de C.J. RUIJGH, *Etudes sur la grammaire et le vocabulaire du grec mycénien*, Amsterdam, 1967,
p. 35.

(47) En 1970, la deuxième édition de l'*Oxford Classical Dictionary*, p. 94 pouvait encore écrire : "L'Arcadie présente
peu de vestiges de la civilisation de l'âge de bronze ...
et ceci est particulièrement vrai à la fin de l'époque
mycénienne."

(48) R. HOWELL, *Annual of the British School at Athens* [= ABSA]
65 (1970), pp. 79-127 ; C.T. SYRIOPOULOS, *ABSA* 68 (1973),
pp. 193-205 ; R. HOPE SIMPSON - O.T.P.K. DICKINSON, *A
Gazetteer of Aegean Civilisation in the Bronze Age. I.
The Mainland and Islands*, Göteborg, 1979, pp. 75-84 ; B.
SERGENT, *Index (Quaderni camerti di studi romanistici)* 9
(1980), pp. 79-97.

56

4.1) de l'identité de ce dialecte avec le mycénien "spécial".

La Laconie peut, de même, avoir compté au XIIIe siècle
des habitants parlant proto-arcado-chypriote. Ceci ressort
du nom laconien de "Poséidon", Ποhοιδάν. Cette forme, qui
est totalement étrangère au dorien, est indiscutablement une
relique du parler laconien antérieur à la conquête dorienne.
Elle constitue une isoglosse arcado-laconienne remarquable
(cf. l'arcadien Ποσοιδάν). Cette isoglosse pourrait bien
s'expliquer si l'on parlait proto-arcadien (49) dans la Laconie d'après 1200. Ceci implique qu'avant cette date, le parler laconien était identique à celui de l'Arcadie.

Reste l'Achaïe, où, à défaut d'indice linguistique(50), on
se souviendra que les contingents achaïens du *catalogue des vais-
seaux* homérique servent sous les ordres directs d'Agamemnon (*Ili-
ade* 2.573-575).

Tout ce qui précède montre l'existence d'un faisceau de
présomptions concordantes, allant dans le sens de l'existence
du proto-arcado-chypriote avant 1200 dans la plus grande partie du Péloponnèse.

Ceci dit, on soulignera que, si plausible ou probable que
cette conclusion paraisse, la nature même de la documentation
disponible ne permet pas d'aboutir à autre chose qu'une hypothèse (§ 3.2.1.2). Si l'on observe que les données linguistiques, archéologiques et légendaires impliquées par la question du proto-arcado-chypriote sont parmi les plus claires
dont on dispose, on mesure mieux l'extrême difficulté qu'il
y a à reconstituer la préhistoire de la langue grecque.

---

(49) Proto-arcadien, et non proto-arcado-chypriote, puisque
la forme chypriote du nom de "Poséidon" est Ποσειδάων,
comme en mycénien. L'adoption de *Ποσοιδάων a donc chance d'avoir été postérieure à la fragmentation du proto-
arcado-chypriote.

(50) On a invoqué une préposition achaïenne ἰν, qui serait un
vestige du proto-arcado-chypriote, mais il s'agit d'un
mirage. Voir texte n° 13 ci-dessous.

5. APPENDICE II : COMPOSITION DES FAMILLES DIALECTALES

1. GREC OCCIDENTAL

1.1. Dorien sévère

1.1.1. Messénien

1.1.2. Laconien (et dialecte de sa colonie, Tarente ; l'héracléen est considéré comme un parler autonome)

1.1.3. Héracléen

1.1.4. Crétois (oriental ; central ; occidental)

1.1.5. Cyrénéen (et dialectes de ses colonies)

1.1.6. Achaïen (?) (et dialectes de ses colonies : Zakynthos, Céphallénie, Ithaque ; Crotone, Sybaris, Métaponte, etc.)

1.2. Dorien moyen

1.2.1. Argien de l'ouest (Argos, Mycènes)

1.2.2. Mélien, théréen

1.2.3. Rhodien (et dialectes de ses colonies : Géla, Agrigente, etc.), parlers des îles avoisinantes (Carpathos, Casos, etc.), de la Pérée rhodienne, etc.

1.2.4. Parlers des autres îles doriennes de l'Egée (Nisyros, Cos, Calymna, Pholégandros, Astypaléa, Anaphé, etc.) et de villes du sud de l'Asie Mineure (Cnide, Myndos, etc.)

1.3. Dorien doux

1.3.1. Argien de l'est (Epidaure, Méthana, Trézène, Hermione, Egine) (51)

1.3.2. Corinthien (et dialectes de ses colonies : Corfou, Anactorion, etc.) (51). Le dialecte de Syracuse et de la majorité des villes de Sicile constitue un parler supra-dialectal : le dorien de Sicile.

1.3.3. Mégarien (et dialectes des colonies mégarien-nes : Sélinonte, Mégare Hyblée, etc.) (51)

1.3.4. Dialectes du nord-ouest :

1. Epirote
2. Acarnanien
3. Etolien
4. Locrien
5. Phocidien (y compris le delphique)
6. Enianien
7. Malien

1.4. Eléen

2. ARCADO-CHYPRIOTE

2.1. Mycénien
2.2. Arcadien
2.3. Chypriote

3. IONIEN-ATTIQUE (52)

3.1. Attique

---

(51) L'argien de l'est, le corinthien et le mégarien sont re-groupés par A. BARTONĚK, *op. cit.* [n. 20], pp. 178-181 en un ensemble plus vaste : le groupe saronique.

(52) A. BARTONĚK, *Sborník prací filosofické fakulty brněnské university* 15 (1970), pp. 149-157 [*non vidi*] a proposé de subdiviser le groupe ionien-attique en trois composantes : attique ; eubéen ; ionien (des Cyclades et d'Asie Mineure).

3.2. Ionien :
   1. d'Eubée
   2. des Cyclades
   3. d'Asie Mineure

4. EOLIEN

   4.1. Béotien
   4.2. Thessalien :
      1. Perrhébie
      2. Hestiéotide
      3. Thessaliotide
      4. Phtiotide
      5. Pélasgiotide
      6. Magnésie
   4.3. Lesbien

5. PAMPHYLIEN

6. Appendice III : Eléments de bibliographie

6.1. GENERALITES

On consultera toujours utilement les ouvrages généraux relatifs à la langue grecque, tels que :

P. CHANTRAINE, *Morphologie historique du grec*, Paris, 1964^2, 355 pp.

P. CHANTRAINE, *Dictionnaire étymologique de la langue grecque. Histoire des mots*, Paris, 1968-1980, 1368 pp.

H. FRISK, *Griechisches etymologisches Wörterbuch*, 3 vol., Heidelberg, 1960-1972, 938 + 1154 + 312 pp.

M. LEJEUNE, *Phonétique historique du mycénien et du grec ancien*, Paris, 1972, 398 pp.

A. MEILLET, *Aperçu d'une histoire de la langue grecque*, Paris, 1965[7], 344 pp. [commence à prendre quelques rides, mais demeure toujours le meilleur exposé d'ensemble sur la question].

L.R. PALMER, *The Greek Language*, Londres - Boston, 1980, 355 pp.

V. PISANI, *Manuale storico della lingua greca*, Brescia, 1973[2], 281 pp.

E. SCHWYZER, *Griechische Grammatik*, 4 vol. (dont deux d'*indices*), Munich, 1939-1971, 844 (plus un dépliant) + 714 + 392 + 139 pp.

6.2. DESCRIPTION DES DIALECTES

Il existe deux excellents manuels, présentant systématiquement l'ensemble des dialectes grecs anciens :

C.D. BUCK, *The Greek Dialects*, Chicago - Londres, 1955, 374 pp. et deux dépliants. Une moitié du livre comprend un recueil d'inscriptions choisies (§ 6.3). Ouvrage relativement court, mais très clair. Le mycénien n'y est pas étudié, bien que son déchiffrement soit signalé.

Handbuch der griechischen Dialekte, 2 vol., Heidelberg, 1932-1959, 321 + 436 pp. Le volume I, dû à A. THUMB et E. KIECKERS, couvre les dialectes occidentaux. Le volume II, par A. THUMB et A. SCHERER, couvre les autres dialectes, y compris le mycénien.

Outre ces travaux, l'ouvrage monumental de F. BECHTEL, *Die griechischen Dialekte*, 3 vol., Berlin, 1921-1924, 477 + 951 + 353 pp., reste toujours indispensable pour le détail des faits.

R. SCHMITT, *Einführung in die griechischen Dialekte*, Darmstadt, 1977, 143 pp. donne, pour chaque dialecte, une excellente bibliographie, à jour jusque 1975, accompagnée d'une brève description linguistique.

Pour les travaux ultérieurs à 1975, consulter les riches
répertoires bibliographiques publiés annuellement par *L'Année
philologique*, la *Bibliographie linguistique* et dans la section
Altgriechisch de l'*Indogermanische Chronik* de *Die Sprache*.

6.3. RECUEILS DE TEXTES

Les *corpus*, de même que les publications isolées, sont
signalés dans les ouvrages de référence mentionnés en § 6.2.
A compléter par le *Bulletin épigraphique* que J. et L. Robert,
avec une régularité exemplaire, publient annuellement dans
la *Revue des Etudes Grecques*, de même que par le *Supplementum
Epigraphicum Graecum*, qui vient, après une période assez chao-
tique, d'être admirablement repris en mains par H.W. Pleket
et R.S. Stroud.

Les textes mycéniens constituent un domaine à part, non
couvert par les publications épigraphiques qui précèdent. On
en trouvera la bibliographie dans la section "épigraphie mycénienne" de *L'Année Philologique*, de même que dans les *Studies
in Mycenaean Inscriptions and Dialect* (Cambridge). Ces deux
publications paraissent annuellement. On les complétera utilement par la revue *Nestor*, éditée *mensuellement* par l'Université d'Indiana (U.S.A.).

Parmi les recueils de textes choisis, on signalera surtout :

C.D. BUCK, *op. cit.* [§ 6.2], pp. 181-334 : 120 numéros ; commentaire développé.

H. COLLITZ et F. BECHTEL, *Sammlung der griechischen Dialekt-
Inschriften*, 5 vol., Göttingen, 1884-1915, 410 +
963 + 688 + 778 + 1232 pp. : 5793 numéros plus *ad-
denda*.

V. PISANI, *op. cit.* [§ 6.2] : 84 numéros, incluant neuf textes mycéniens, avec brefs commentaires.

E. SCHWYZER, *Dialectorum Graecarum exempla epigraphica potiora*,
　　　Leipzig, 1923 (réimprimé en 1960), 463 pp. : 814
　　　numéros ; brefs commentaires.

Tituli ad dialectos Graecas illustrandas selecti, 2 vol.,
　　　Leyde, 1950-1972, 40 + 56 pp. Le premier volume, dû
　　　à J.J.E. HONDIUS, couvre les dialectes arcado-chyprio-
　　　tes et éoliens (41 numéros). Le second, par J.B.
　　　HAINSWORTH, couvre les dialectes occidentaux, l'io-
　　　nien et le pamphylien (86 numéros). Aucun commen-
　　　taire.

Pour le mycénien :

M. DORIA, *Avviamento allo Studio del Miceneo*, Rome, 1965,
　　　281 pp. : 146 numéros, avec traduction et commentaire.

C.J. RUIJGH, *Tabellae Mycenenses selectae*, Leyde, 1962, 76 pp.
　　　et un dépliant : 229 numéros ; pas de commentaires,
　　　mais un bon index.

M. VENTRIS et J. CHADWICK, *Documents in Mycenaean Greek*, Cam-
　　　bridge, 1973[2], 622 pp. : 325 numéros, avec traduc-
　　　tion et commentaire.

7. APPENDICE IV : SYMBOLES LINGUISTIQUES

*　　Forme reconstruite

\#　　Frontière de mot

ẹ　　e fermé, intermédiaire entre *i* et *e* ouvert [prononcia-
　　tion approximativement semblable aux voyelles du fran-
　　çais "été"].

ẹ̣　　e ouvert, intermédiaire entre *e* fermé et　*a* [prononcia-
　　tion approximativement semblable à la voyelle du fran-
　　çais "laid"].

ǫ̤   *o* ouvert, intermédiaire entre *a* et *o* fermé [prononcia-
tion approximativement semblable à la voyelle du français "sol"].

ọ   *o* fermé, intermédiaire entre *o* ouvert et *u* [cette dernière
voyelle est à prononcer approximativement comme le français "où"]. La prononciation de *o* est approximativement
semblable à la première voyelle du français "saule".

DEUXIEME PARTIE

CHOIX DE TEXTES TRADUITS

0.1. PRESENTATION DES TEXTES

Pour chaque texte, ont été brièvement précisés : lieu de
trouvaille ; description du support ; contenu ; datation.

Les indications bibliographiques donnent d'abord le corpus où l'inscription a été publiée (ou, à défaut, la référence de l'édition princeps). Ensuite, par ordre alphabétique,
une sélection de recueils - dialectaux, mais aussi épigraphiques et historiques - et les publications particulièrement di-
gnes d'intérêt où le texte a été récemment republié et/ou
étudié, de même que la référence de sa première mention dans
le *Supplementum Epigraphicum Graecum*.

0.2. ABREVIATIONS BIBLIOGRAPHIQUES

Ath. Mit. *Mitteilungen der deutschen archäologischen Insti-
tuts, Athenische Abteilung.*

BCH *Bulletin de Correspondance Hellénique.*

Be E.L. BENNETT - J.-P. OLIVIER, *The Pylos Tablets Transcri-
bed*, 2 vol., Rome, 1973-1976.

Br C. BRIXHE, *Le dialecte grec de Pamphylie. Documents
et grammaire*, Paris, 1976.

66

Bu   C.D. BUCK, *The Greek Dialects*, Chicago - Londres, 1955.

CIG   *Corpus Inscriptionum Graecarum.*

Co   H. COLLITZ - F. BECHTEL, *Sammlung der griechischen Dia-lekt-Inschriften*, 4 vol., Göttingen, 1884-1915.

Da   R. DARESTE - B. HAUSSOULLIER - TH. REINACH, *Recueil des inscriptions juridiques grecques*, 2 vol., Paris, 1891-1904.

Di   W. DITTENBERGER - K. PURGOLD, *Die Inschriften von Olympia*, Berlin, 1896 (réimprimé en 1966).

Do   M. DORIA, *Avviamento allo Studio del Miceneo*, Rome, 1965.

Fr   P. FRIEDLAENDER, *Epigrammata. Greek Inscriptions in Verse*, Berkeley - Los Angeles, 1948.

Gu   M. GUARDUCCI, *Epigrafia Greca*, 4 vol., Rome, 1967-1978.

Ha   J.B. HAINSWORTH, *Tituli ad dialectos Graecas illustrandas selecti* II, Leyde, 1972.

Ho   J.J.E. HONDIUS, *Tituli ad dialectos Graecas illustrandas selecti* I, Leyde, 1950.

ICS   O.MASSON, *Les inscriptions chypriotes syllabiques*, Paris, 1983^2.

IG   *Inscriptiones Graecae.*

Je   L.H. JEFFERY, *The Local Scripts of Archaic Greece*, Oxford, 1961.

Me   R. MEIGGS - D. LEWIS, *A Selection of Greek Historical Inscriptions*, Oxford, 1969.

Mo   L. MORETTI, *Iscrizioni agonistiche greche*, Rome, 1953.

Ol   G. OLIVERIO, *Documenti antichi dell'Africa Italiana. Cirenaica*, 4 vol., Bergame, 1932-1936 [*non vidi*].

Pa   L.R. PALMER, *The Interpretation of Mycenaean Greek Texts*, Oxford, 1969^2.

Pi   V. PISANI, *Manuale storico della lingua greca*, Brescia, 1973^2.

RAL   *Atti della Accademia Nazionale dei Lincei, Rendiconti,*
        Classe di Scienze morali, storiche e filologiche.

REG   *Revue des Etudes Grecques.*

RFIC   *Rivista di Filologia e di Istruzione Classica.*

Ri   G.M.A. RICHTER, *The Archaic Gravestones of Attica,*
        Londres, 1961.

RPh   *Revue de Philologie.*

Ru   C.J. RUIJGH, *Tabellae Mycenenses selectae,* Leyde, 1962.

Sc   E. SCHWYZER, *Dialectorum Graecarum exempla epigraphica*
        potiora, Leipzig, 1923 (réimprimé en 1960).

SEG   *Supplementum Epigraphicum Graecum.*

So[a]   F. SOKOLOWSKI, *Lois sacrées des cités grecques. Supplé-*
        ment, Paris, 1962.

So[b]   F. SOKOLOWSKI, *Lois sacrées des cités grecques,* Paris,
        1969.

To   M.N. TOD, *A Selection of Greek Historical Inscriptions,*
        2 vol., Oxford, 1933-1948.

Ve   M. VENTRIS - J. CHADWICK, *Documents in Mycenaean Greek,*
        Cambridge, 1973[2].

0.3. SIGNES DIACRITIQUES

[   ]   Début et fin de lacune. Le nombre de lettres manquan-
        tes est indiqué par des points [..] lorsqu'il est exac-
        tement connu, par des tirets dans le cas contraire
        [--].

<   >   Restitution.

{   }   Lettres gravées par erreur.

  :   diviseur de mots (dans les textes alphabétiques)

  ,   diviseur de mots (dans les textes syllabiques)

'   '   signes écrits au dessus d'une ligne d'écriture (dans les
        textes mycéniens).

0.4. ACCENTUATION

Les textes ont été conventionnellement accentués selon
les règles attiques, à l'exception des inscriptions lesbiennes.

0.5. APPARAT CRITIQUE

L'apparat critique a été réduit aux indications stricte-
ment indispensables. Je n'ai donc pas signalé les cas où je
m'écartais des éditions antérieures pour des questions d'ac-
centuation, d'esprits, de quantité vocalique, de graphies
conventionnelles, de ponctuation, ou bien encore pour en cor-
riger les lapsus.

1. GREC OCCIDENTAL

1.1. DORIEN SÉVÈRE

1.1.1. MESSENIEN

——————— 1 ———————

Messénie ; statuette de guerrier en bronze ; dédicace de Pythodoros au dieu du fleuve Pamisos ; vers 550 ? (Je, pp. 202, 206.1).

G.M.A. RICHTER, *Archaic Greek Art*, New York, 1949, pp. 89-90.

Τōι Παμίσōι Πυθόδōρος.

"Pythodore au Pamisos."

——————— 2 ———————

Abia ; stèle funéraire ; épitaphe de Charopinos et d'Aristodamos ; vers 500-475 ? (Gu I, pp. 286-287 ; Je p. 206.6).

IG V.i.1356 ; Co 4668 ; C. LE ROY, *BCH* 85 (1961), pp. 231-232 ; Sc 66.

Ηιαρὸς Χαροπ<ῖ>νος : Ηιαρ[ὸς][2] Ἀρισστόδαμος.

"Charopinos, préposé au culte. Aristodamos, préposé au culte."

--------- 3 ---------

Corone, temple d'Apollon Corithos ; pointe de lance ;
dédicace à Apollon ; vers 450 (Gu I, pp. 287-288 ; Je p. 206.
10).

Ph. VERSAKIS, Ἀρχαιολογικὸν Δέλτιον 2 (1916), pp. 90,
114 ; Sc 68a ; *SEG* 11.993.

Ἀπέλλōνος ℎιαρόν.

"Consacré à Apollon."

--------- 4 ---------

Olympie ; base de statue ; dédicace des Messéniens
et des Naupactiens au Zeus d'Olympie après leur victoire sur
les Spartiates à Pylos et Sphactérie ; vers 424 (Je p. 206.12).

Di 259 ; *IG* V.i.1568 (p. xxi) ; Co 4637 ; Me 74 ; Sc 65 ;
SEG 11.1210 ; To 65.

ll. 1-2 (les ll. 3-4 sont en ionien) :

Μεσσάνιοι καὶ Ναυπάκτιοι ἀνέθεν Διὶ[2] Ὀλυμπίοι δεκάταν
ἀπὸ τõμ πολεμίōν.

"Les Messéniens et les Naupactiens ont dédié (ceci) au
Zeus d'Olympie comme dîme prise sur leurs ennemis."

1.1.2. LACONIEN (53)

────────── 5 ──────────

Sparte, temple d'Athéna Chalcioicos ; stèle ; dédicace et palmarès du champion Damonon ; vers 450-431 (Je p. 201.52).

IG V.i.213 ; E. BOURGUET, *Le dialecte laconien*, Paris, 1927, pp. 42-53 ; Bu 71 ; Co 4416 ; Ha 40 ; Mo 16 ; Pi pp. 102-103 ; Sc 12 ; *SEG* 11.650.

ll. 1-17 :

Δαμṓνōν²ἀνέθēκε ᾽Αθαναία[ι]³Πολιάχōι,
νικάhας⁴ταυτᾶ hᾶτ᾽ οὐδὲς⁵πέποκα τōν νῦν.
⁶Τάδε ἐνίκαhε Δαμṓνō[ν]⁷τōι αὐτō τεθρίππō[ι]⁸αὐτὸς ἀνιοχίōν·
⁹ἐν Γαιαϝόχō τετράκιν, ¹⁰καὶ ᾽Αθάναια τετ[ράκιν],¹¹κἐλευhύνια
τετρά[κιν]. ¹²Καὶ Ποhοίδαια Δαμṓνō[ν]¹³ἐνίκē Ηέλει, καὶ ho
κέλē[ξ]¹⁴hαμᾶ, αὐτὸς ἀνιοχίōν¹⁵ἐνhεβṓhαις hίπποις¹⁶hεπτάκιν
ἐκ τᾶν αὐτō¹⁷hίππōν κἐκ τō αὐ[τ]ō hίππ[ō]. (...).

"Damonon a dédié (ceci) à Athéna Poliachos,
ayant remporté des victoires de façon telle que
ne le fit jamais aucun contemporain.
Damonon a remporté les victoires suivantes avec son propre
quadrige, tenant lui-même les rênes : aux jeux de Gaiaochos,
quatre fois ; à ceux d'Athéna, quatre fois ; aux jeux éleusi-
niens, quatre fois. Aux jeux de Poséidon à Elée, Damonon a
remporté sept fois la victoire, tenant lui-même les rênes de
poulains nés de ses propres juments et de son propre étalon,
et son cheval de course (a gagné) en même temps. (...)."

────────────

(53) Voir aussi le texte laconien cité § 1.1.

1.1.3. HERACLEEN

--------------- 6 ---------------

Héraclée ; plaque de bronze ; arpentage et location des domaines de Dionysos et d'Athéna Poliade ; entre la fin du IVe et le début du IIIe s. (Gu II, pp. 277-284).

IG XIV.645 ; Bu 79 ; Co 4629 ; Da I.xii ; Ha 46 ; Pi pp. 103-104 ; Sc 62 ; A. UGUZZONI - F. GHINATTI, *Le tavole greche di Eraclea*, Rome, 1968.

plaque I, 11. 8-14 :

(...) [8]'Ανέγραψαν τοὶ ὁρισταὶ τοὶ hαιρεθέντες ἐπὶ τὼς χώρως τὼς hιαρὼς τὼς τῶ Διονύσω, [9](...)[10](...) καθὰ ὥριξαν καὶ ἐτέρμαξαν καὶ συνεμέτρησαν καὶ ἐμέρι[11]ξαν τῶν Ηηρακλείων διαγνόντων ἐν κατακλήτωι ἁλίαι.

Συνεμετρήσαμες δὲ ἀρξάμε[12]νοι ἀπὸ τῶ ἀντόμω τῶ hυπὲρ Πανδοσίας ἄγοντος τῶ διατάμνοντος τώς τε hιαρὼς χώ[13]ρως καὶ τὰν Ϝιδίαν γᾶν ἐπὶ τὸν ἄντομον τὸν ὁρίζοντα τώς τε τῶ Διονύσω χώρως καὶ[14]τὸν Κωνέας ho Δίωνος ἐπαμώχη. (...).

11 : Autre lecture possible : διακνόντων

"(...) Les arpenteurs élus pour les terrains sacrés de Dionysos - [noms des cinq arpenteurs] - ont consigné (ici) de quelle façon ils ont borné, délimité, mesuré et loti, conformément à la décision de l'Assemblée extraordinaire des Héracléens.

Nous avons mesuré en commençant depuis le chemin vicinal menant au dessus de Pandosia et séparant les terrains sacrés de la terre privée jusqu'au chemin vicinal qui délimite les terrains de Dionysos et celui que possédait Conéas, fils de Dion. (...)."

1.1.4. CRETOIS

──────── **7** ────────

Phaestos ; pithos ; indication de propriété ; fin VIIIe s.
(Gu III, pp. 330-332).

D. LEVI, Κρητικά Χρονικά 21 (1969), pp. 153-176 ; O. MASSON,
*Studies in Greek, Italic and Indo-european Linguistics offered
to L.R. Palmer*, Innsbruck, 1976, pp. 169-172 ; *SEG* 26.1050.

Ἐρπετιδάμō Παιδοπίλας ὅδε.

"Voici (le vase) d'Erpétidamos, fils de Paidophila."

──────── **8** ────────

Drēros ; mur du temple d'Apollon Delphinios ; vers 650
(Y. DUHOUX, *L'étéocrētois*, Amsterdam, 1982, pp. 29-32).

P. DEMARGNE - H. VAN EFFENTERRE, *BCH* 61 (1937), pp. 333-
348 et *BCH* 62 (1938), pp. 194-195 ; Bu 116 ; V. EHRENBERG,
Classical Quarterly 37 (1943), pp. 14-18 ; C. GALLAVOTTI,
Helikon 17 (1977), pp. 130-135 ; Gu I, pp. 187-188 ; Ha 60 ;
Je p. 413 pl. 59.1a ; Me 2 ; *SEG* 27.620.

Ἆδ᾿ ἔϝαδε : πόλι᾿ : ἐπεί κα κοσμήσει : δέκα Ϝετίον, :
τὸν ἀ [2.1]ϝτὸν : μὴ κόσμε͞ν᾿ : αἰ δὲ κοσμησιε,: ὀπε͞ δικακσιε: ἀϝτὸν
ὀπῆλεν: διπλεῖ: κάϝτὸν,[2.2]θιὸς ὅλοι ὀν (?), [3]ἄκρηστον : ἤμεν :
ἆς δόοι, : κότι κοσμησιε : μηδὲν ἤμην.[4]Χ Ὀμόται δὲ : κόσμος :
κο͞ι δάμιοι : κο͞ι ἴκατι : οἱ τᾶς πόλ[ιο]ς.

2.2 : θιὸς ὅλοι ὀν (?) : séquence ajoutée après coup, en
petits caractères, au dessus de 2.1. Il paraît exclu (es-
tampage) que cette séquence ait pu être le début de l'inscription : on attendrait, en ce cas, que le graveur l'ait

disposée avant ἅδ' ἔϜαδε πόλι..., où il y avait l'espace
vacant nécessaire.

"Ainsi a décidé la ville : lorsqu'il aura été cosme, le
même individu ne pourra plus être cosme pendant une période
de dix ans. S'il devient cosme, dans tous les cas où il pro-
noncera un jugement, il devra lui-même le double et il sera
lui-même - que Dieu l'anéantisse ! (?) - déchu de ses droits
aussi longtemps qu'il vivra, et tout ce qu'il aura fait en
tant que cosme sera nul. Jureurs : le collège des cosmes,
les damioi et les vingt de la ville."

1.1.5. CYRENEEN

──────────   9   ──────────

Cyrène, sanctuaire d'Apollon ; plat en terre-cuite ;
indication de propriété ; début VIe s. (Je p. 324.19) - vers
550 (Gu I, pp. 356-357 ; C. DOBIAS-LALOU, *RPh* 44 [1970], pp.
238-239 et 249).

Ol II.2.541 ; *SEG* 9.313.

Τō ꞌΑπόλλōνός ἐμι

"Je suis à Apollon."

──────────   10   ──────────

Cyrène ; stèle ; dédicace d'Aiglanor ; début Ve s. (Je
p. 324.20).

Ol I, p. 156 ; *SEG* 9.78.

Αἰγλάνōρ μ' ἀνέθēκε [2]hōντιπάτρō δεκάταν

"Aiglanor, fils d'Antipatros, m'a offerte à titre de dîme."

———— 11 ————

Cyrène ; stèle ; réglementation rituelle prescrite par Apollon ; fin IVe s.

S. FERRI, *Notiziario archeologico* 4 (1927), pp. 91-145 ; Ol II.1.57 ; Bu 115 ; Ha 51 (ll. 111-141) ; *SEG* 9.72 ; So[a] 115.

11. 1-7 :

ʼΑ]πόλλων ἔχρη[σε· ²ἐς ἀ]εὶ καθαρμοῖς καὶ ἁγνηίαις κα[ὶ θε³ραπ]ηίαις χρείμενος τὰν Λεβύαν οἰκ[έν].

⁴[Αἴ] κα ἐπὶ τὰγ γᾶν ἢ ἐπὶ τὰμ πόλιν ἐπείηι νόσο[ς ἢ λι⁵-μὸ]ς ἢ θάνατος, θύεν ἔμπροσθε τᾶμ πυλᾶν, [ἐναν⁶τίον] τῶ ἀποτροπαίω, τῶι ʼΑπόλλωνι τῶι ἀποτρό[π⁷ωι] χίμαρον ἐρυθρόν.(...).

2-3 : κα[ὶ πο³μπ]ηίαις (Ferri).
5-6 : [κάθα⁶ρμ]α τῶ (Oliverio) ; [φάρμα⁶κο]ν τῶ (Ferri).
6-7 : ʼΑποτρο[παί⁷ωι] (Ferri).

"L'oracle d'Apollon a proclamé : en pratiquant purifications, actes pieux et cultes, ils demeureront toujours en Libye.
Si une maladie, une famine ou la mort survenaient au pays ou à la ville, sacrifier à Apollon, qui détourne le mal, un chevreau rouge devant les portes, face à l'apotropaion. (...)"

1.1.6. ACHAÏEN

———— 12 ————

Sybaris ; hache-marteau de bronze ; dédicace du victimaire Cyniscos à Héra ; vers 550 (Gu III, pp. 43-45) - vers 525-500 (Je p. 260.8).

IG XIV .643 ; Co 1653 ; Sc 437.

Τᾶς Ηἔρας hιαρός ²ἔμι τᾶς ἐν πεδί³ōι. ϙυνίσϙο⁴ς με
ἀνέθε̄⁵κε ōρταμο⁶ς Γέργōν ⁷δεκάταν.

"Je suis consacrée à Héra de la plaine. Cyniscos, le
victimaire, m'a offerte comme dîme de ses gains."

─────── **13** ───────

Métaponte ; obélisque en terre cuite ; dédicace du potier
Nicomaque à Héraclès ; fin VIe s. (Gu III, pp. 556-557) - vers
525-500 (Je pp. 255, 261.16).

IG XIV.652 ; Co 1643 ; L.DUBOIS, *Glotta* 63 (1985), pp. 48-50 ;
Y.DUHOUX, *Zeitschrift für Papyrologie und Epigraphik* 54 (1984),
pp. 127-132 ; Fr 111 ; Pi p. 97 ; Sc 438.

¹·¹Χαῖρε, Γάναξ Η<ē>ράκλε̄ς.
¹·²Νικόμαχός μ' ἐπόε̄.
²Δὸς δέ Γιν ἀνθρṓποις
³δόξαν ἐχε̄ν ἀγαθ<ά>ν.
⁴῍Ο τοι κεραμεύς μ' ἀνέθε̄κε.

"Salut, roi Héraclès ! Nicomaque m'a fait. Donne lui
d'avoir bonne réputation parmi les hommes. Ton potier m'a
offert."

─────── **14** ───────

Pétélia ; plaque de bronze ; testament de Saotis ; fin
VIe s. (Gu III, pp. 296-297) - vers 475 (Je p. 261.28).

IG XIV.636 ; Co 1639 ; Da II.xxiiiA ; Pi p. 97 ; Sc 436.1 ;
SEG 4.74.

θεός˙ : τύχα. : Σᾱ̄τις : διδ²ο̄τι : Σικαινίαι : τὰν
Fοι³κίαν : καὶ τἆλλα : πάντ⁴α. : Δαμιοργός˙: Παραγόρ⁵ας.:
Πρόξενοι˙ : Μίνκο̄ν, : ⁶Ἀρμοξίδαμος, : Ἀγάθαρ⁷χος, :
Ὀνάτας, : Ἐπίκορ⁸ος. :

"Dieu. Fortune. Saotis donne à Sicainia(s) la maison
et tout le reste. Démiurge : Paragoras. Témoins : Mincon,
Armoxidamos, Agatharchos, Onatas, Epicouros."

1.2. DORIEN MOYEN

1.2.1. ARGIEN DE L'OUEST

——————   15   ——————

Argos, temple d'Athéna Poliade ; pierre ; loi sacrée ;
vers 575-550 (Je p. 168.8).

W. VOLLGRAFF, *Mnemosyne* 57 (1929), pp. 206-234 ; Bu 83 ;
Ha 32 ; *SEG* 11.314 ; So^a 27.

Ἐπὶ το̄νδεο̄νε̄ν : δαμιοργόντο̄ν, : τὰ ἐ²[ν] Ἀθαναίας :
ἐπ[ο]ιFέ̄θε̄ : ταδε̄ν. : Τὰ ποιFέ̄³ματα : καὶ τὰ χρε̄́ματά τε :
καὶ τὸν [-----] ⁴[---] ἀ[νέθεν:] τᾶι Ἀθαναίαι : τᾶι
Πολιιάδι. : ⁵(...) Τοῖσι : χρε̄́μασι : τοῖσι : χρε̄στε̄ρ⁶ίοισι :
τοῖσι : τᾶς θιιο̄ : με̄́ χρε̄́⁷[σ]θο̄ : Fϝε̄διέστας : [ἐ]χθὸς :
⁸το̄ τεμένεος : το̄ τᾶς Ἀ[θαν⁹αίιας:] τᾶς Πολιάδος˙ :: δαμόσ-
¹⁰ιον δὲ : χ[ρ]ο̄νσθο̄ : προ[τὶ τὰ ¹¹ιαρά]. Αἰ δὲ σίναιτο,:
ἀφ[α]κεσ¹²άσθο̄, : ηοῖς δὲ δαμιορ[γὸς : ἐπ]α[να]νκασσάτο. :
¹³ηο δ' ἀμφίπολος : μελεταινέτο̄ : τούτο̄ν.

"Lorsque ceux dont les noms suivent étaient démiurges,
ceci fut fait dans le temple d'Athéna. Ils dédièrent les oeuvres d'art, les ustensiles et [   ] à Athéna Poliade. [sui-
vent six noms]. Qu'aucun particulier n'emploie hors du sanc-

tuaire d'Athéna Poliade les ustensiles qu'utilise la déesse.
En revanche, l'Etat peut les employer pour le culte. Si quelqu'un cause des dégâts, qu'il répare le dommage - le démiurge
en imposera le montant. Le sacristain veillera à ce qui précède."

1.2.2. MELIEN, THEREEN

——————— 16 ———————

Théra ; stèle funéraire ; épitaphe de Praxilas ; 2e moitié VIIe s. (Gu III, pp. 177-178) - fin VIIe s. (Je p. 323.4).

IG XII.iii.763 ; Sc 215.2 ; SEG 2.499.

Πρακσίλαι ²με ³Θhαρύμαϱhος ⁴ἐποίε̄.

"Tharymachos m'a fait pour Praxilas."

——————— 17 ———————

Théra ; grosse pierre ovale (plus grande circonférence :
2,18 m) ; exploit athlétique ; VIe s. (Je p. 323.10).

IG XII.iii.449 ; Co 4735 ; Fr 56 ; Mo pp. 5-6 ; Sc 217 ;
SEG 25.919.

Εὐμάστας με ἆηρεν ἀπὸ χθονὸς ho Κριτοβόλο̄.

"Eumastas, fils de Critobule, m'a soulevée de terre."

18

Mélos ; colonne supportant une statue ; dédicace d'Ecphantos ; vers 550 (Gu I, pp. 323-324) - fin VIe s. (Je p. 324.23).

IG XII.iii.1075 et suppl. pp. 91, 211 ; Bu 114 ; Co 4871 ;
Fr 114 ; Pi p. 115 ; F.M. PONTANI, RFIC 15 (1937), pp. 50-53 ;
Sc 207 ; SEG 3.738.

Παῖ Διός, 'Εκπhάντōι δέκσαι τόδ' ἀμ[ε]νπhὲς ἄγαλμα·
²σοὶ γὰρ ἐπευκhόμενος τοῦτ' ἐτέλεσσε Γρόπhōν·

"Enfant de Zeus, reçois d'Ecphantos la statue sans défaut que voici ; c'est en effet pour te rendre grâces que
Grophon a réalisé ceci."

19

Théra ; inscription rupestre ; commémoration du premier
banquet des Carnéia ; vers 480-450 (Je p. 323.16).

IG XII.iii.1324 ; Bu 111 ; Co IV, p. 794.56 ; Fr 176 ;
Ha 47 ; Pi, p. 114 ; Sc 219.

'Αγλōτέλης πράτισ²τος 'Αγορᾶν hικάδι ³Κα[ρ]νῆια θεὸν
δεί⁴πν[ι]ξεν hōνιπαντίδα⁵καὶ Λακαρτός.

2 : ἀγοράν également possible ; 3 : θεόν également possible.

"Aglotélès, fils d'Oenipantidas et de Lacarto, fut le
premier à offrir le banquet des Carnéia au dieu, le vingtième
jour du mois des Agorai."

20

Théra ; inscription rupestre ; loi sacrée ; début IVe s.

IG XII.iii.452 ; Bu 113 ; Co 4772 ; Ha 48 ; Pi p. 114 ;
Sc 220 ; SEG 25.911 ; So[b] 133.

Ἀρταμιτίō τετάρται ²πεδ' ἰκάδα θυσέοντι ³ἱαρόν· Ἀγορήιοις
δὲ ⁴[δ]εῖπνοy καὶ ἱα[ρ]ὰ πρὸ τō σαμηίō.

"Le vingt-quatre Artémisios, ils offriront un sacrifice ;
et lors de la fête des Agoraia, un banquet et des sacrifices
devant l'image."

1.2.3. RHODIEN

21

Rhodes ; coupe ; indication de propriété ; VIIIe s. (Je
p. 356.1) - fin VIIIe s. (Gu I, pp. 328-329).

CH. BLINKENBERG, *Lindos. Fouilles de l'Acropole 1902-1914*,
II, Berlin - Copenhage, 1941, n° 710 ; Ha 52.1 ; O. MASSON,
Archeologia Classica 25-26 (1973-1974), pp. 428-431 ; *SEG*
26.863.

Ϙοράϙō ἠμὶ ϙύλιξ τ[

ϙύλιχς (Je).

"Je suis la coupe de Coracos [   ]"

22

Abou-Simbel (Egypte) ; colosse du temple de Ramsès II ; texte vraisemblablement en rhodien commémorant le passage de mercenaires ; vers 591 (Je p. 358.48a).

CIG 5126 ; A. BERNAND - O. MASSON, REG 70 (1957), pp. 3-10 ; Bu 104 ; Co 5261 ; Ha 53 ; Me 7 ; Sc 301 ; SEG 8.870 ; To 4.

Βασιλέος ἐλθόντος ἐς 'Ελεφαντίναν Ψαματίχō, ²ταῦτα ἔγραψαν τοὶ σὺν Ψαμματίχōι τōι Θεοκλōς ³ἔπλεον. ῞Ηλθον δὲ Κέρκιος κατύπερθε, υἱς ὁ ποταμὸς ⁴ἀνίη. 'Αλόγλōσōς δ' ἦχε Ποτασιμτο, Αἰγύπτιος δὲ ῎Αμασις. ⁵῎Εγραφε δ' ἀμὲ ῎Αρχōν 'Αμοιβίχō καὶ Πέλεφος Οὐδάμō.

"Lorsque le roi Psammétique vint à Eléphantine, ceux qui navigaient avec Psammétique, fils de Théoclès, firent écrire ceci. Ils vinrent au nord de Kercis, aussi loin que le fleuve le permettait. Potasimto commandait les étrangers, et Amasis les Egyptiens. Archon, fils d'Amoibichos, et Pélécos, fils d'Eudamos, nous ont écrit."

23

Camiros ; stèle funéraire ; épitaphe d'Idaménée ; vers 600-575 (Je pp. 348, 356.5).

IG XII.i.737 ; Bu 100 ; Co 4140 ; Fr 33 ; Pi p. 116 ; Sc 272 ; SEG 26.865.

A. Σᾶμα τόζ' 'Ιδα²μενεὺς ποίη³σα hίνα κλέος ⁴είη·
B. Ζεὺ δέ νιν ὅστις ⁵πημαίνοι λειō⁶λη θείη.

"Le monument funéraire que voici, moi, Idaménée, je l'ai

fait pour que ma renommée demeure.   Et que Zeus anéantisse
quiconque l'endommagerait."

1.2.4. AUTRES SITES DORIENS D'EGEE ET D'ASIE MINEURE

————————   24   ————————

Anaphé ; pierre ; signature d'artisan ; début VIIe s.
(Je p. 324.26).

IG XII.iii.255 ; Pi p. 117 ; Sc 238.

'Αγχυλίον τόνδε τὸν θõρον ἐποίε͞σ[ε]

Je : ἐποιε[; Sc : ἐποίε͞σ[α]

"Ancylion a fait le siège que voici."

————————   25   ————————

Cos ; stèle ; protection du domaine d'Héraclès ; fin Ve s.

R. HERZOG, *Abhandlungen der preussischen Akademie der
Wissenschaften, Philosophisch-historische Klasse* 1928.6, n° 11;
SEG 13.441 ; So[b] 150.

Αἰ τίς κα τάμνηι τὰς κυπάρισσο²ς τὰς ἐν τῶι τεμένει ἤ
τὰς ἔξω το³ῦ τεμένεος ἤ φέρηι τὰ ξύλεα ἐκ τ⁴οῦ τεμένεος τὰ
κυπαρίσσινα, χί⁵λιᾱς δραχμὰς ἀποτεισάτω καὶ τ⁶ὸ ἱαρὸν ἀσεβείτω,
αἰ κα μὴ ἐκκλη⁷σίαι δόξει ἐς δαμόσιον ἔργον · φ⁸αινόντω δὲ
τοὶ ἐπιμεληταὶ το[ῦ] ⁹τεμένεος καὶ τῶν ἄλλων ὁ χ[ρηίζ]¹⁰ων ἐς
τὰν ἐκ[κ]λησίαν κατ[ὰ τὸν ἱα]¹¹[ρὸν νόμον καὶ τ]ὸν μασ[τρικόν].

"Si quelqu'un abat les cyprès se trouvant à l'intérieur
ou à l'extérieur du domaine, ou bien emporte du bois de cyprès

hors du domaine, qu'il paie une amende de mille drachmes et qu'il soit considéré comme impie à l'égard du sanctuaire, sauf si l'Assemblée l'a ordonné pour les travaux publics. Que les administrateurs du domaine et quiconque d'autre qui le désire le dénoncent à l'Assemblée, conformément aux lois sacrée et civile."

1.3. DORIEN DOUX

1.3.1. ARGIEN DE L'EST

———————— 26 ————————

Région de Méthana ; pierre tombale ; épitaphe d'Androclès; fin VIIe ou début VIe s. (Gu I, pp. 362-363) - vers 600 (Je p. 181.1).

A. von PREMERSTEIN, *Ath. Mit.* 34 (1909), pp. 356-362 ; Fr 27 ; Sc 105 ; *SEG* 11.391.

Εὐμαρε̄ς με πατε̄ρ ᾿Ανδροκλε̂[2]ος ἐντάδε σᾶμα
ποι[3]Ϝεσανς καταέθε̄κε φ[4]ίλο̄ μνᾶμα hυιέος ἔμ[5]εν.

"Eumarès, (son) père, ayant fait ici le tombeau d'Androclès, m'a érigé pour être le monument funéraire de son cher fils."

———————— 27 ————————

Trézène ; colonne de pierre ; monument funéraire de Praxitèle ; 2e moitié VIe s. (Gu I, p. 364) - vers 500 (Je p. 182.3).

IG IV.800 ; Fr 29 ; Sc 101 ; *SEG* 11.387.

Πραξιτέλει τόδε μνᾶμα Ϝίσōν ποίϝεσε θανό[ντι.
[Τ]οῦτο δ᾽ ἑταῖροι ²σᾶμα χέαν, βαρέα στενάχοντες,
Ϝέργον ἀντ᾽ ἀγ[α]θōν, κε̄πάμερον ³ἐξετέλεσα[ν].

"Ison a fait le monument que voici pour Praxitèle mort.
Ce tertre, ses compagnons en ont amoncelé la terre pour le
remercier de ses bienfaits, gémissant profondément, et ils
l'ont entièrement achevé en un jour."

———————   28   ———————

Trézène ; stèle ; ex-voto d'Euthymidas : question et
réponse de l'oracle ; vers 450 (Gu I, p. 365) - vers 450-425
(Je p. 182.6).

IG IV.760 ; Sc 103.

Εὐθυμίδας ²ἀνέθε̄κε ³hά κα ποιο̄ν ⁴ποὶ τὸν θεὸν ⁵ίοίε̄{ι}
λουσάμε⁶νος δαῆναι χρ[ε̄]⁷[ίζ]ōν · θυσάμεν ⁸hε̄ρακλεῖ, ᾽Αλίοι
⁹ίδόντα [ἐ]πιαλε̄ ¹⁰οίōνόν.

"Euthymidas a dédié (ceci), voulant apprendre ce qu'il
devait faire pour s'approcher du dieu après s'être lavé. 'Sacrifier à Héraclès (et) au Soleil après avoir vu un présage
favorable.'"

1.3.2. CORINTHIEN

———————   29   ———————

Corinthe, temple d'Apollon ; vase ; indication de propriété ; vers 600-575 (Je p. 131.14c) - vers 580 (Gu I, pp. 175-
176).

M.C.-C.A. ROEBUCK, *Hesperia* 24 (1955), pp. 158-163 ; M.
GUARDUCCI, *RAL* 33 (1978), pp. 397-402 ; *SEG* 14.303.

Πολύτερπος. ²ΠυρϜίας προχορευόμενος· αὐτō δέ Ϝοι δλπα.

1 : avant un joueur d'aulos ; 2 : commence devant le premier danseur d'une petite troupe.

"Polyterpe. Pyrrhias conduisant le choeur : à lui le
vase."

———— 30 ————

Némée ; piédestal (ultérieurement réutilisé pour la
construction du gymnase) ; dédicace du lutteur Aristis ; vers
560 (Je p. 150.5) - vers 550 (Gu I, pp. 238-240).

C.W. BLEGEN, *AJA* 31 (1927), pp. 432-433 ; Bu 97 ; Fr 103 ;
Me 9 ; Mo 3 ; *SEG* 11.290.

"Αριστις με ἀνέθ²ēκε Δὶ ϙρονίōνι Ϝά³νακτι
πανκράτιο⁴ν νιϙōν τετράκις ⁵ἐν Νεμέαι,
Φειδō⁻⁶νος Ϝhιὸς τō Κλεō⁻⁷ναίō.

"Aristis, fils de Phéidon de Cléonée, quatre fois vain-
queur au pancrace à Némée, m'a dédié au roi Zeus fils de Cronos."

———— 31 ————

Sicyone ; plaque de bronze ; règlement d'association ;
fin VIe s. (Gu I, pp. 337-338) - vers 500 (Je p. 143.8).

A.K. ORLANDOS, ʻΕλληνικά 10 (1937-1938), pp. 5-12 ; Bu 96 ;
Ha 30 ; M. LEJEUNE, *Revue des Etudes Anciennes* 45 (1943), pp.
185-198 ; W. PEEK, *Ath. Mit.* 66 (1941), pp. 200-207 ; *SEG* 11.244.

11. 1-3 :

Τουτõνδε κοινὰ ἔστō τὸ ἑστιατόριον καὶ τὰ δρε̄ καὶ ho
χαλκιõν ²καὶ τᾱλα Ϝοικέουσίν γα καὶ τὰ τέλε̄ φέρουσιν· :
πō̄λε̄ν δὲ ³με̄δὲ συναλάζεσθαι ἐξέστō (...).

Dans l'inscription, ε [= ĕ] et ē [= ę̄] sont rendus par
Σ ; E [= ę̆], par Ϝ.

"La salle à manger, les pressoirs, la resserre à bron-
zes, et le reste seront communs à ceux dont les noms suivent,
à condition qu'ils habitent (Sicyone) et paient les taxes.
Il ne sera pas permis de vendre ni de conclure une transac-
tion. (...)"

1.3.3. MEGARIEN

——————— 32 ———————

Sélinonte ; mur du temple d'Apollon ; voeux des Sélinontiens pour obtenir la victoire ; vers 460-450 (Je p. 277.39)
- entre 460 et, plus probablement, 409 (W.M. CALDER, *The Inscription from Temple G at Selinus*, Durham, 1963).

IG XIV.268 ; Bu 98 ; Co 3046 ; Ha 25 ; Me 38 ; Pi pp. 109-
110 ; Sc 166 ; *SEG* 15.595 ; To 37.

[Δι]ὰ τὸς θεὸς τό[σ]δε νικõντι τοὶ Σελινόν[τιοι· ²δι]ὰ τὸν
Δία νικõμες καὶ διὰ τὸν Φόβον [καὶ] ³δ[ιὰ] Ηε̄ρακλέα καὶ δι'
'Απόλλō̄να, καὶ διὰ Π[οτ]⁴ε[ιδᾶ]να καὶ διὰ Τυνδαρίδας καὶ δι'
'Αθ[α]⁵ναίαν καὶ διὰ Μαλοφόρον καὶ διὰ Πασι[κ⁶]ρά[τ]ειαν καὶ
διὰ τὸς ἄλλος θεὸς, διὰ δ[ὲ] Δία ⁷μάλιστα. Φιλία[ς] δὲ γενομένας
ἐν χ[ρ]υσ⁸έō[ι] ἐλά[σα]ντα[ς καὶ] ὀνύματα ταῦτα κολ⁹άψαντ[ας
ἐς] τὸ 'Α[π]ολλόνιον καθθέμε¹⁰ν, τὸ Διὸ[ς προ]γρά[ψ]αντες · τὸ
δὲ χρυσίον ¹¹ἐξε̄́κ[οντα τ]αλάντōν ἔμεν.

8-9 : κολ⁹άψαντ[ας εἰϛ] (Calder).

10 : [ἐν]γρά[ψ]αντες (Calder).

"C'est grâce aux dieux suivants que les Sélinontiens rem-
portent la victoire : nous vainquons avec l'aide de Zeus, de
Phobos, d'Héraclès, d'Apollon, de Poséidon, des Tyndarides,
d'Athéna, de Malophoros, de Pasicrateia et des autres dieux,
mais surtout grâce à Zeus. Une fois la paix revenue, après
avoir façonné (les images des dieux) sur un objet en or et
gravé les noms qui précèdent, le placer dans le temple d'Apollon, le nom de Zeus étant écrit le premier. L'or se montera
à soixante talents."

1.3.4. DIALECTES DU NORD-OUEST

—————   33   —————

Etolien : Calydon, temple d'Artémis Laphria ; partie de
corniche en terre cuite (σίμα) ; indication architecturale ;
vers 600-575 (Je p. 227.4) - peu après 580 (Gu I, pp. 214-215).

IG IX (éd. minor).i.152c.

Μία ἐπὶ Fίκατι πὸ ἐσπέρας.

"Vingt et unième (sima) du côté ouest."

—————   34   —————

Locrien : Hales, temple d'Athéna ; base de statue en forme de chapiteau ; vers 550 (Gu I, pp. 298-299) - vers 550-540
(Je p. 108.8).

H. GOLDMAN, *Hesperia* 9 (1940), pp. 428-430.

Faσίōν μ' ἀνέθεκε ' : Διάκριός μ' ἐποίϜεσ<ε>.

La pierre porte ἐποίϜēσα (*sic*)

"Asion m'a offerte ; Diacrios m'a faite."

———————— 35 ————————

Delphique : Delphes, stade ; pierre ; loi sacrée ; vers
470-450 (Je p. 104.17) - peut-être copie archaïsante du IVe s.
(G. ROUGEMONT, *Corpus des Inscriptions de Delphes* I, Paris,
1977, n° 3).

Th. HOMOLLE, *BCH* 23 (1899), pp. 611-612 ; Bu 50 ; Ha 1.2 ;
Nouveau choix d'inscriptions grecques, Paris, 1971, 18 ; Pi,
p. 95 ; Sc 321 ; *SEG* 1.209 ; So[b] 76.

Τὸ νέοινον μὲ̄ φάρεν ἐς τοῦ δρ²όμου. Αἰ δέ κα φάρε̄ι,
ἱλαξάσθο̄ ³τὸν θεὸν ἡõι κα κεραίε̄ται, καὶ ⁴μεταθυσάθο̄
κἀποτεισάθο̄ πέν⁵τε δραχμάς· τούτου δὲ τõι κατα⁶γορέσαντι τὸ
ἡέμισσον.

1 : la pierre porte TONEOINON, que l'on a aussi interprété
par τὸν Ϝοῖνον.

"Ne pas emporter le vin nouveau hors du stade. Si on
l'emporte, que l'on apaise le dieu pour qui il a été préparé,
que l'on recommence le sacrifice et que l'on paie cinq drachmes.
La moitié de cette somme au dénonciateur."

———————— 36 ————————

Phocidien : Téthronion ; stèle funéraire ; épitaphe du
médecin Charon ; fin VIe s. (Gu I, pp. 246-247) - vers 500
(Je p. 103.11).

G. KLAFFENBACH, *Sitzungsberichte der preussischen Akademie der Wissenschaften zu Berlin, Philosophisch-historische Klasse* 1935, p. 702 ; Fr 86.

Χαῖρε Χάρō̄ν · ²οὐδίς τυ κακὸς ³λέγει οὐδὲ θα⁴νόντα,
πολὸ̄ς ⁵ἀνθρō̄πō̄ν λυ⁶σάμενος ⁷καμάτō̄.

2 : οὐδ<ε>ίς (Je).

"Salut, Charon. Personne ne dit de mal de toi, même mort, toi qui as délivré bien des hommes de la maladie."

1.4. ELÉEN

───────── 37 ─────────

Olympie ; plaque de bronze ; traité de symmachie entre Elis et Hérée ; 2e moitié VIe s. (Gu I, pp. 202-203) - vers 500 (Je p. 220.6).

Di 9 ; Bu 62 ; Co 1149 ; Ha 16 ; Me 17 ; Pi pp. 99-100 ; Sc 413 ; *SEG* 11.1182 ; To 5.

ʼΑ Ϝράτρα τοῖρ Ϝαλείοις : καὶ τοῖς ʼΕρ²Ϝαοίοις · : συνμαχία κʼ ἔα ἑκατὸν Ϝέτεα, : ³ἄρχοι δέ κα τοῖ. : Αἰ δέ τι δέοι, : αἴτε Ϝέπος αἴτε Ϝ⁴άργον, : συνέαν κʼ ἀλάλοις : τά τʼ ἀλ<α> καὶ πὰ⁵ρ πολέμō̄. : Αἰ δὲ μὰ συνέαν, : τάλαντόν κʼ ⁶ἀργύρō̄ : ἀποτίνοιαν : τōͅ Δὶ ʼΟλυνπίōͅ : τōͅ κα⁷δαλέμενοι : λατρειόμενον. : Αἰ δέ τιρ τὰ γ⁸ράφεα : ταῖ καδαλέοιτο, : αἴτε Ϝέτας αἴτε τ⁹ελεστὰ : αἴτε δᾶμος, : ἐν τʼ ἐπιάρōͅ κʼ ἐνέχ¹⁰οιτο τōͅ ʼνταῦτʼ ἐγραμένōͅ.

"Convention entre les Eléens et les Héréens. Qu'il y ait alliance pendant cent ans, et qu'elle commence maintenant. S'il faut quelque chose, en paroles ou en actes, qu'ils s'assistent pour tout, et spécialement pour la guerre. S'ils

ne s'assistent pas, que ceux qui commettent la violation paient
un talent d'argent consacré au Zeus d'Olympie. Si quelqu'un
viole les présentes dispositions - qu'il soit simple citoyen,
magistrat ou damos - qu'on lui applique l'amende sacrée écri-
te ici."

2. ARCADO-CHYPRIOTE

2.1. MYCÉNIEN

———————————   38   ———————————

Cnossos ; tablette d'argile ; inventaire de char ; scribe
128 ; XIIIe s. (mais voir note 1).

J. CHADWICK, J.T. KILLEN et J.-P. OLIVIER, *The Knossos
Tablets*, Cambridge, 1971[4], p. 287 : Sd 4409.

i-qi-ja, po-ni-ki-ja, a-ra-ro-mo-te-me-na, a-ja-me-na, ²wi-
ri-ne-o, o-po-qo, ka-ke-ja-pi, o-pi-i-ja-pi   CUR 1

᾿Ικκ^{w}ία φοινικία, ἁραρμοτμένα, αἰα(?)μένα, ²Ϝρινέοις
ὁπώκ^{w}οις, χαλκείαφι ὁπι-*ija*-φι · ⊞₩⌷   1.

"Char de couleur pourpre, assemblé (?), incrusté (?),
avec oeillères de cuir et ... de bronze : 1 char."

———————————   39   ———————————

Pylos ; tablette d'argile ; fiche d'emploi du berger Célo-
wos ; scribe 42 ; fin XIIIe s.

Be, p. 39 : Ae 134 ; Do 12 ; Pa 28 ; Ru 49 ; Ve 31.

ke-ro-wo, po-me, a-si-ja-ti-ja, o-pi, ta-ra-ma-<ta>-o
qe-to-ro-po-pi `o-ro-me-no´ VIR 1

Ke-ro-wo, ποιμὴν a-si-ja-ti-αι, ὁπὶ Ta-ra-ma-<τα>ο κ^Wε-
τρόποπφι δρόμενος · ✗ 1.

"C., berger à A. ; surveillant les quadrupèdes de
T. : 1 homme."

───────── 40 ─────────

Pylos ; tablette d'argile ; inventaire de récipients ;
scribe 2 ; fin XIIIe s.

Be, p. 229 : Ta 641 ; Do 74 ; Pa 164 ; Pi, pp. 259-260 ;
Ru 97 ; Ve 103.

ti-ri-po-de, a_3-ke-u, ke-re-si-jo, we-ke *201^VAS 2 ti-ri-
po, e-me, po-de, o-wo-we *201^VAS 1 ti-ri-po, ke-re-si-jo, we-ke,
a-pu, ke-ka-u-me-no[]`, ke-re-a_2, *201^VAS[]'²qe-to *203^VAS
3 di-pa, me-zo-e, qe-to-ro-we *202^VÅS 1 di-pa-e, me-zo-e, ti-ri-
o-we-e *202^VAS 2 di-pa, me-wi-jo, qe-to-ro-we *202^VAS 1[]³di-pa,
me-wi-jo, ti-ri-jo-we *202^VAS 1 di-pa, me-wi-jo, a-no-we *202^VAS
1

Τρίποδε, αἰγεύς (δίc), κρησιοϜεργής (δίc)·   2· τρίπως
ἐμεῖ ποδεῖ, οἰϜώϝης·   1 · τρίπως κρησιοϜεργής, ἀπυκεκαυ-
μένος σκέλεhα ·   [1] · ²κ^Wέθοι · 3 · δίπας
μέζοε(ς) (δίc) κ^WετρῶϜες · 1 · δίπαε μέζοε τριώϜεε ·
2 · δίπας μείϜιος κ^WετρῶϜες · 1 · ³δίπας
μείϜιος τριῶϜες · 1 · δίπας μείϜιος ἀνῶϜες · 1.

"Deux vases à trois pieds, décor de chèvres, fabrication

de type crétois : 2 vases ; vase à trois pieds avec un seul
pied, à une anse : 1 vase ; vase à trois pieds, fabrication
de type crétois, pieds entièrement consumés : [1] vase ;
pithoi : 3 vases ; coupe grand format à quatre anses : 1 vase ;
deux coupes grand format à trois anses : 2 vases ; coupe petit format à quatre anses : 1 vase ; coupe petit format à trois
anses : 1 vase ; coupe petit format sans anse : 1 vase."

――――― **41** ―――――

Pylos ; tablette d'argile ; bordereau de livraison d'articles de parfumerie ; scribe 1 ; fin XIIIe s.

Be, p. 243 : Un 267 ; Do 80 ; Pa 164 ; Ru 97 ; Ve 103.

o-do-ke, a-ko-so-ta ²tu-we-ta, a-re-pa-zo-o ³tu-we-a,
a-re-pa-te ⁴ze-so-me-no ⁵ko-ri-a$_2$-da-na AROM 6 ⁶ku-pa-ro$_2$
AROM 6 *157 16 ⁷KAPO 2 T 5 VIN 20 ME 2 ⁸LANA 2 VIN 2

3. Après *a-re-pa-te*, ⟦,ze-so-me⟧ .
4. Après *ze-so-me-no*, ⟦ko⟧ .

ˉΩ δῶκε a-ko-so-τας Θυέσται, ἀλειφαζόωι, θύεα ἀλειφάτει
ζεσ(σ)ομένωι· κορίhαδνα· s⌂ ·6 κύπαρχος· s⌂ 6·
16· ΚΑΡΠΟΊ 2 T 5 · [𝄢] 20 · ΜΈ(ΛΙ) 2· [𝄞] 2· [𝄟] 2.

"A. a bien (?) donné à Thyeste, le parfumeur, des aroma-
tes pour l'onguent à préparer : coriandre : 6 unités ; souchet:
6 unités ; *157 : 16 ; fruits : 2,5 unités ; vin : 20 unités ;
miel : 2 unités ; laine : 2 unités ; moût : 2 unités."

2.2. ARCADIEN

———————   42   ———————

Mantinée ; bloc de calcaire ; jugement des coupables d'un sacrilège ; début Ve s. (Gu I, p. 120) - peu après 460 (Je pp. 214 et 216.29).

IG V.ii.262 ; Bu 17; L.DUBOIS, *Recherches sur le dialecte arcadien*, Louvain-la-Neuve, 1986, II, pp. 94-111 ; Ho 2 ; Sc 661 ; *SEG* 11.1087.

ll. 14-23 :

(...) [14]Ὁνέοι ἀν χρέστέριον κακρίνε̄ [15]ἐ̄ γνο̄σίαι κακριθε̄έ τōν χρε̄μάτο̄ν, [16]πὲ τοῖς Fοικιάται<ς> τᾶς θεō̃ ε̃ναι, [17]κὰ Fοικίας δάσασσθαι τὰς ἀν ōδ᾽ ἐάσας. [18]Εἰ τοῖς Fοφλε̄κόσι ἐπὶ τοῖδ᾽ ἐδικάσαμεν [19]ἅ τε θεὸς κὰς οἱ δικασσταί, ἀπυμεδομίν[ος] [20]τōν χρε̄μάτο̄ν τὸ λάχος, ἀπεχόμινὸς [21]κὰ τōρρέντερον γένος ε̃ναι [22]ἅματα πάντα ἀπὺ τōι ἱερōι, ἵλαον ε̃ναι· [23]εἰ δ᾽ ἄλλανις ἔατοι κὰ τōνν[υ], ἰνμενφὲς ε̃ναι. (...).

Sur la valeur de la lettre ʍ, voir § 3.3.2 et n. 27.

"(...) Pour chacun de ceux que l'oracle a condamné ou qui a été condamné par jugement à la confiscation de ses biens, (ces biens), avec ses esclaves, appartiendront à la déesse, et l'on partagera ses maisons, s'il y en a. Si les condamnés, en plus de la peine que nous, la déesse et les juges, leur avons infligée, ayant remis leur part de biens, sont exclus pour toujours du temple, eux et leur descendance en ligne mâle, ce sera bien. Mais si l'on permet de transgresser ces dispositions, ce sera mal (...)"

2.3. Chypriote

───────── 43 ─────────

Scalès (Ancienne-Paphos), tombe ; broche en bronze ; indication de propriété ; entre 1050 et 950.

ICS n° 18g (p. 408).

o-pe-le-ta-u

'Οφέλταυ.

"D'Opheltas."

───────── 44 ─────────

Idalion, sanctuaire d'Athéna ; plaque de bronze ; accord
entre le médecin Onasilos et ses frères, d'une part, le roi
Stasicypros et la ville d'Idalium, d'autre part ; vers 478-470.

ICS n° 217 ; Bu 23 ; Co 60 ; W. COWGILL, *Language* 40 (1964),
pp. 344-365 ; Ho 6 ; O. MASSON, *Bulletin de la Société de Linguistique de Paris* 78 (1983), pp. 261-281 ; Pi pp. 86-89 ; Sc 679.

A. ll. 1-6 :

o-te, ta-po-to-li-ne-e-ta-li-o-ne, ka-te-wo-ro-ko-ne-ma-
to-i, ka-se-ke-ti-e-we-se, i-to-i, pi-lo-ku-po-ro-ne-we-te-i-
to-o-na-sa-ko-[2]ra-u, pa-si-le-u-se, sa-ta-si-ku-po-ro-se,
ka-se-a-po-to-li-se, e-ta-li-e-we-se, a-no-ko-ne-o-na-si-lo-ne,
to-no-na-si-ku-po-[3]ro-ne-to-ni-ya-te-ra-ne, ka-se, to-se, ka-si-
ke-ne-to-se, i-ya-sa-ta-i, to-se, a-to-ro-po-se, to-se, i-ta-i,
ma-ka-i, i-ki-[4]ma-me-no-se, a-ne-u, mi-si-to-ne, ka-sa-pa-i,

e-u-we-re-ta-sa-tu, pa-si-le-u-se, ka-se, a-po-to-li-se, o-na-
si-⁵lo-i, ka-se, to-i-se, ka-si-ke-ne-to-i-se, a-ti-to-mi-si-
to-ne, ka-a-ti, ta-u-ke-ro-ne, to-we-na-i, e-xe-to-i, ⁶wo-i-
ko-i, to-i-pa-si-le-wo-se, ka-se, e-xe-ta-i-po-to-li-wi, a-ra-
ku-ro, ta I ta, (...)

῞Οτε τὰ(ν) πτόλιν ῾Εδάλιον κατέϝοϼγον Μᾶδοι κὰς Κετιῆϝες
ἰ(ν) τῶι Φιλοκύπϼων ϝέτει τῶ ᾿Ονασαγό²ϼαυ, βασιλεὺς Στασίκυ-
πϼος κὰς ἁ πτόλις ῾Εδαλιῆϝες ἄνωγον ᾿Ονασίλον, τὸν ᾿Ονασικύπ-
³ϼων, τὸν ἰγατῆϼαν, κὰς τὸς κασίγνητὸς ἰγᾶσθαι τὸς ἁ(ν)θϼω-
πὸς τὸς ἰ(ν) τᾶι μάχαι ἰγ⁴μάμενὸς ἄνευ μισθῶν. Κὰς παι
εὐϝϼητάσατυ βασιλεὺς κὰς ἁ πτόλις ᾿Ονασί⁵λωι κὰς τοῖς κασιγνή-
τοις ἁ(ν)τὶ τῶ μισθῶν κὰ(ς) ἁ(ν)τὶ τᾶ(ς) ὑχήϼων δοϝέναι ἐξ
τῶι⁶ϝοίκωι τῶι βασιλῆϝος κὰς ἐξ τᾶι πτόλιϝι ἀϼγύϼω τά(λαντον)
I τά(λαντον). (...).

"Lorsque les Mèdes et les habitants de Citium assiégeaient
la ville d'Idalium, en l'année de Philocypros, fils d'Onasago-
ras, le roi Stasicypros et la ville (des) Idaliens ordonnèrent
à Onasilos, fils d'Onasicypros, le médecin, et à ses frères,
de soigner les hommes blessés au combat, sans salaire. Le roi
et la ville avaient alors convenu de donner à Onasilos et à ses
frères en guise de salaire et de gratification un ta(lent)
d'argent - 1 ta(lent) - pris sur le patrimoine du roi et sur
la ville. (...)"

3. IONIEN-ATTIQUE

3.1. ATTIQUE

45

Athènes ; oenochoé de style géométrique ; prix du concours du meilleur danseur ; vers 730-720 (Gu I, pp. 135-136)
- vers 725 (Je p. 76.1).

IG I (éd. minor).919 ; G. ANNIBALDIS - O. VOX, *Glotta*
54 (1976), pp. 223-228 ; Fr 53 ; C. GALLAVOTTI, *RAL* 31 (1976),
pp. 207-216 ; M. GUARDUCCI, *RAL* 33 (1979), pp. 390-394 ; M.
LEJEUNE, *RPh* 53 (1979), pp. 212-214 ; Sc p. 383.1 ; *SEG* 1.1.

Ηός νυν ὀρχε̄στο̄ν πάντο̄ν ἀταλο̄́τατα παίζει, το̄ τόδε καλμιν.

-δεκλλμιν   (Je p. 401.1).

"Celui qui danse le plus gracieusement de tous les dan-
seurs, (?) à lui le [vase ?] que voici (?)."

———————————   46   ———————————

Sigée (Troade) ; stèle funéraire ; épitaphe bilingue -
attique et ionien - de Phanodicos ; vers 550 (Je pp. 72, 371.
43) - vers 550-540 (M. GUARDUCCI in Ri, pp. 165-168). Texte
ionien (A) : voir n° 53 ci-dessous.

CIG 8 ; Bu 1 ; D. CLAY, *Glotta* 46 (1968), pp. 15-18 ;
Co 5531 ; Ha 70 ; Pi pp. 127-128 ; Sc 731 ; *SEG* 4.667.

B. Φανοδίκο̄ : εἰμὶ : το̄ Η[2]ερμοκράτο̄ς : το̄ Προκο[3]νε̄σίο̄.:
Κάγο̄ : κρατε̄ρα [4]κἀπίστατον : καὶ ηε̄θμ[5]ὸν : ἐς πρυτανεῖον :
ἐ[6]δο̄κα : μνε̄μα : Σιγε<ι>[7]ε̄ῦσι. : ᾿Εὰν δέ τι πάσχ[8]ο̄, μελεδαίνε̄ν:
με, δ [9]Σιγειε̄ς. : Καί μ᾿ ἐπο[10]<ίε̄>σεν : Ηαίσο̄πος : καὶ [11]:
ηἀδελφοί.

6-7 : la pierre porte Σιγευε̄ῦσι (*sic*) ;
9-10 : la pierre porte ἐποεισεν (*sic*).

"Je suis (la tombe) de Phanodicos, fils d'Hermocratès,
le Proconnésien. J'ai donné un cratère, son support et une
passoire pour le prytanée, comme souvenir pour les Sigéens.
Si je suis détérioré, prenez soin de moi, Sigéens ! Esope
et ses frères m'ont fait."

—————————   47   —————————

Myrrhinonte (Attique) ; base de *koρē* funéraire ; épitaphe de Phrasicleia ; vers 540 (Je p. 78.29).

IG I (éd.minor).1014 ; Fr 80 ; *SEG* 10.453.

a   Σε̄μα Φρασικλείας · ²κόρε̄ κεκλε̄́σομαι ³αἰεί,
     ⁴ἀντὶ γάμο̄ ⁵παρὰ θεὸν τοῦτο ⁶λαχο̄σ' ὄνομα.

b   Ἀριστίο̄ν Πάρι[ός μ' ἐπ]ό[ε̄]σε.

"Monument funéraire de Phrasicleia. Je serai toujours
appelée 'jeune fille' : j'ai reçu ce nom des dieux à la place du mariage. Aristion de Paros m'a fait."

3.2. IONIEN

3.2.1. IONIEN D'EUBEE

—————————   48   —————————

Pithécoussa, tombe ; vase à décor géométrique ; invita-
tion à boire ; 2e moitié VIIIe s. (Gu I, pp. 226-227) - vers
700 (Je p. 239.1).

G. BUCHNER - C.F. RUSSO, *RAL* 10 (1955), pp. 215-234 ;
C. GALLAVOTTI, *RAL* 31 (1976), pp. 216-219 ; M. GUARDUCCI, *RAL*
33 (1979), pp. 394-396 ; Me 1 ; D.L. PAGE, *Classical Review*
6 (1956), pp. 95-97 ; *SEG* 14.604.

Νέστορος : μ[ὲ]ν : εὔποτ[ον] : ποτέριο[ν].
²Hὸς δ'ἀ<ν> τόδε π[ίε̄]σι : ποτερί[ο̄], : αὐτί[κ]α κε̄νον
³hίμερ[ος hαιρ]έ̄σει : καλλιστε[φάν]ο̄ : Ἀφροδίτε̄ς.

1 : μ[έ]ν : ε[ἰμ]ι (Je) ;

2 : ποτέρι[ον] (Page), ποτέρί[οι] (Gallavotti).

"La coupe de Nestor était, certes, agréable à boire.
Mais celui qui boira de cette coupe-ci, aussitôt le saisira
le désir d'Aphrodite à la belle couronne."

───────── 49 ─────────

Cumes, tombe ; vase protocorinthien ; indication de propriété ; vers 675-650 (Je p. 240.3).

IG XIV.865 ; Bu 10 ; Co 5267 ; Fr p. 163c ; Pi p. 129 ;
Sc 786.

Ταταίες ἐμὶ λ²έρυθος· ὃς δ' ἄν με κλέφσ³ει, θυφλὸς
ἔσται.

"Je suis le lécythe de Tataié. Celui qui me volera sera
aveugle."

───────── 50 ─────────

Cumes, tombe ; réglementation funéraire ; vers 450 (Je
p. 240.12).

A. SOGLIANO, *Notizie degli scavi di Antichità*, 1905,
pp. 377-380 ; Co IV, p. 851 ; Pi p. 192 ; Sc 792 ; So[a] 120.

Οὐ θέμις ἐν²τοῦθα κεῖσθ³αι ἰ μὲ τὸν βε⁴βαχχευμέ⁵νον.

"Il n'est pas permis d'être enseveli ici, à moins d'être
initié aux mystères bacchiques."

3.2.2. IONIEN DES CYCLADES

─────── 51 ───────

Délos, temple d'Apollon ; statue féminine ; dédicace
de Nicandré à Artémis ; vers 650 (Gu I, pp. 153-156 ; Je p.
303.2).

A. PLASSART, *Inscriptions de Délos*, Paris, 1950, n° 2 ;
Bu 6 ; Co 5423 ; Fr 46 ; Ha 76 ; M. LEJEUNE, *RPh* 45 (1971),
pp. 209-215 ; Sc 758 ; *SEG* 19.507.

Νικάνδρη μ' ἀνέθε̄κεν <hε>κηβόλοι ἰοχεαίρηι,
ϙόρη Δεινο²δίκη̄ο̄ τō Ναhσίο̄, ἔhσοχος ἀλήο̄ν,
Δεινομένεος δὲ κασιγνέτη,Φ<h>ράhσο̄ δ' ἄλοχος μ<ἠν>.

1 : <hε>κ- : la pierre porte ηκ- (*sic*), avec ⊟κ- au
    lieu de ⊡εκ-.
3 :Φ<h>ρ - : la pierre porte Φηρ- (*sic*), avec Φ ⊟ρ- au
    lieu de Φ ⊡ρ-.

"Nicandré, fille de Dinodicès le naxien, éminente entre
toutes, soeur de Dinomène, et épouse de Phraxos, m'a dédiée
à la déesse qui tire à son gré et lance des traits."

─────── 52 ───────

Paros ; stèle ; loi sur la propreté publique ; début Ve s.
(Gu II, pp. 61-62) - vers 475-450 (Je p. 305.37).

IG XII.v.107 ; Co IV, p. 856 ; *SEG* 17.375 ; So[b] 108.

Ὃς ἂν βάλ²ληι τὰ ἐκ³[α]θάρματ⁴[α] ἄνōθεν ⁵τῆς ὁδō̄, μ⁶ίαν
καὶ π⁷εντήκον⁸τα δραχμ⁹ὰς ὠφελέ¹⁰[τ]ō̄ τōι θέ¹¹[λ]οντι πρ¹²[ῆ]χ-
[σαι].

"Celui qui jettera les déchets au dessus du chemin devra cinquante et une drachmes à qui voudra le faire payer."

3.2.3. IONIEN D'ASIE

--------- 53 ---------

Sigée (Troade) ; stèle funéraire ; épitaphe bilingue - attique et ionien - de Phanodicos ; vers 550 (Je pp. 72, 371.43) - vers 550-540 (M. GUARDUCCI in Ri, pp. 165-168). Texte attique (B) : voir n° 46 ci-dessus.

CIG 8 ; Bu 1 ; Co 5531 ; Ha 70 ; Pi, pp. 127-128 ; Sc 731 ; SEG 4.667.

A. Φανοδίκō [2]ἐμὶ τō͂ρμοκ[3]ράτεος τō͂ [4]Προκοννη[5]σίō ·
κρητῆρ[6]α δὲ : καὶ ὑποκ[7]ρητήριον : κ[8]αὶ ἠθμὸν : ἐς π[9]ρυτανήιον
[10]ἔδωκεν : Συκε[11]εῦσιν.

"Je suis (la tombe) de Phanodicos, fils d'Hermocratès, de Proconnèse. Il a donné aux Sigéens un cratère, son support et une passoire pour le prytanée."

--------- 54 ---------

Téos ; stèle ; malédiction publique ; vers 475-450 (Je p. 345.62) - vers 470-450 (Gu IV, pp. 226-229).

CIG 3044 ; Bu 3 ; Co 5632 ; Ha 73 ; Me 30 ; G. PUGLIESE CARRATELLI, La Parola del Passato 15 (1960), pp. 58-59 ; Sc 710 ; SEG 4.616 ; To 23.

Face A :

 Ὅστις : φάρμακα : δηλητή[2]ρια : ποιοῖ : ἐπὶ Τηΐοισι[3]ν :
τὸ ξυνὸν : ἢ ἐπ' ἰδιώτηι, : κ[4]ένον : ἀπόλλυσθαι : καὶ α[5]ὐτὸν :

καὶ γένος : τὸ κἐνō. : [6]Ὅστις : ἐς γῆν : τὴν Τηίην : κ[7]ωλύοι :
σῖτον : ἐσάγεσθαι : [8]ἢ τέχνηι : ἢ μηχανῆι : ἢ κατ[9]ὰ θάλασσαν :
ἢ κατ' ἤπειρο[10]ν : ἢ ἐσαχθέντα : ἀνωθεοίη, : [11]ἀπόλλυσθαι :
καὶ αὐτ[12]ὸν : καὶ γένος : τὸ κἐνō.

"Quiconque fabriquera des poisons destinés à l'ensemble
des Téiens ou à des particuliers, qu'il périsse, lui et sa
famille. Quiconque empêche l'importation de blé en terre
téienne, par quelque procédé que ce soit, sur mer ou sur terre, ou qui fait monter les prix du blé déjà importé, qu'il
périsse, lui et sa famille."

4. EOLIEN

4.1. BÉOTIEN

———————   55   ———————

Thèbes (?) ; statue de guerrier en bronze ; dédicace de
Manticlos à Apollon ; fin VIIIe ou début VIIe s. (Gu I, pp.
145-146) - vers 700-675 (Je p. 94.1).

W. FROEHNER, *Monuments et Mémoires publiés par l'Académie des Inscriptions et Belles-Lettres* 2 (1895), pp. 137-143 ;
Fr 35 ; Ho 27 ; Sc 538 (commentaire).

Μάντικλός μ' ἀνέθēκε Fεκαβόλοι ἀργυροτόξσοι
τᾶς {δ}δε[2]κάτας · τὺ δέ, Φοῖβε, δίδοι χαρίϝετταν ἀμοιϝ[άν].

"Manticlos m'a dédié, prélevé sur sa dîme, au dieu à l'arc
d'argent, qui tire à son gré. Et toi, Phoebus, donne une agréable récompense."

56
————   ————

Tanagra ; sculpture funéraire représentant deux jeunes
gens ; épitaphe de Kittylos et de Dermys ; début VIe s. (Gu I,
pp. 147-149) - vers 600-575 (Je, p. 94.8).

IG VII.579 ; Co 875 ; Fr 4 ; M. GUARDUCCI in Ri, pp. 155-
156 ; Sc 455 ; SEG 19.336 ; J. VENENCIE, BCH 84 (1960),
pp. 608-610.

'Αμφάλκε̄ς ε̕[σ]τασ᾽ ἐπὶ Κιτύλοι ε̇²δ᾽ ἐπὶ Δέρμυ‹ι›
³Δέρμυς   ⁴Κιτύλος

"Amphalkès a érigé (ceci) en l'honneur de Kittylos
et de Dermys. Dermys. Kittylos."

57
————   ————

Acréphia : temple du héros Ptoios ; colonne votive ;
dédicace des Acréphiens à Ptoios ; vers 525-500 (Je p. 95.13).

P. GUILLON, Les trépieds du Ptoion, Paris, 1943, pp. 49,
54.

Σιμο̄νίδα ἄρχοντος, τõι hέροι τõι Πτο̄ίοι ᾽Ακριφιε̄ς
ἀνέθεαν.

"Sous l'archontat de Simonidas, les Acréphiens ont dédié
(ceci) au héros Ptoios."

58
————   ————

Béotie ; tasse en terre-cuite ; déclaration d'amour ; vers
525-500 (Gu III, pp. 342-343).

D.S. STAVROPOULLOS, Ἐφημερίς Ἀρχαιολογική 1896, col.
244 ; Fr p. 164i.

Κλε̄Ϝίχα καλὰ καὶ φίλα τō̄ι γράφσαν[τι].
²[Κλε̄Ϝίχ]α καλὰ εῖ[ν]αί μ<ο>ι δοκεῖ.

"Clévicha (est) belle et chère à celui qui écrit.
Clévicha me semble être belle."

———————   59   ———————

Thespies ; vase ; cadeau de Mogéa à sa femme Eucharis ;
vers 450 (Gu III, pp. 339-340) - vers 450-430 (Je, pp. 93,
95.18).

IG VII.3467 ; Bu 38.5 ; Co 1133 et I p. 405 ; Fr p. 164h ;
Ho 29 ; Pi p. 122 ; Sc 441.

Μογέα δίδο̄τι τᾶι γυναι²κὶ δō̄ρον Εὐχάρι ³τε̄ύτρε̄τιφάντō̄
κό⁴τυλον, ὅς χ᾽ ἅδαν πίε̄.

"Mogéa fait cadeau du cotyle à son épouse Eucharis, fille
d'Eutrétiphantos, pour qu'elle boive à satiété."

4.2. THESSALIEN

———————   60   ———————

Thessaliotide : Thétonion ; plaque de bronze ; décret
des Thétoniens en l'honneur de Sotairos ; peu avant 447 (M.
SORDI, RFIC 36 [1958], pp. 59-65) - vers 450-425 (Je p. 99.10).

IG IX.ii.257 et add. ; Bu 35 ; J. CHADWICK, Studi linguis-
tici in onore di Vittore Pisani, Brescia, 1969, pp. 231-234 ;

Ho 23 ; M. LEJEUNE, *REG* 54 (1941), pp. 68-72 ; Pi p. 77 ; Sc
557 ; *SEG* 25.647.

[2]θέτόνιοι ἔδὅκαν Σὅταιρōι τōι Κ[3]ορινθίōι καὐτōι καὶ
γένει καὶ F[4]οικιάταις καὶ χρἔμασιν ἀσυλία[5]ν κάτέλειαν,
κἔύFεργέταν ἐ[6]ποίἔσαν κἔν ταγᾶ κἔν ἀταγ[7]ίαι. Αἴ τις ταῦτα
παρβαίνοι, τὸ[8]ν ταγὸν τὸν ἐπεστάκοντα ἐ[9]ξξανακάδἔν. Τὰ
χρυσία καὶ τὰ [10]ἀργύρια τἔς Βελφαιō ἀπολ[11]όμενα ἔσōσε, Ὀρέσταο
Φερεκράτ[1]ε<ο>ς ἡυλōρέοντος Φιλονίκō ἡυίος.

L'inscription commence à la l. 2. Le manque de place a
conduit le graveur à écrire la ligne finale au dessus de la
l. 2, où un espace était vacant. La l. 2 (début du texte) est
séparée de la l. 1 (fin du texte) par un trait horizontal.

"Les Thétoniens ont accordé à Sotairos le Corinthien,
tant à lui qu'à sa descendance, ses serviteurs et ses biens,
inviolabilité et exemption d'impôt, et ils l'ont fait éver-
gète, en temps de paix et en temps de guerre. Si quelqu'un
viole ces dispositions, que le tage en exercice fasse respec-
ter la loi. Lorsque Oreste, fils de Phérécratès, petit-fils
de Philonicos, était hylore, (Sotairos) a sauvé les objets
d'or et d'argent disparus du temple d'Apollon."

61

Pélasgiotide : Larisa ; stèle ; épitaphe de Polyxéna ;
vers 460-450 (Je, p. 99.7).

IG IX.ii.663 ; Bu 29a ; Sc 584.1.

Πολυξεναία : ἐμμί.

"Je suis (la tombe) de Polyxéna."

62

Pélasgiotide : région de Larisa ; stèle ; dédicace à Apollon ; vers 450-425 (Je p. 99.11).

IG IX.ii.1027 ; Bu 30 ; Ho 16 ; Sc 597.

ˉΑπλōνι Λεσχα[ί]ō[ι] ²'Αριστίōν ὀνέθēκε κōί συνδαυχναφόροι. ³Πρόνος ἐργάξατο.

"Aristion et ses compagnons daphnéphores ont dédié (ceci) à Apollon Leschaios. Pronos l'a réalisé."

63

Magnésie : Méthone ; stèle ; achèvement d'une construction ; vers 550 (Gu I, pp. 358-359 ; Je p. 99.2).

A.S. ARVANITOPOULOS, Πολέμων 1 (1929), pp. 216-220 ; M. GUARDUCCI, *RAL* 25 (1970), pp. 62-64 ; O. MASSON, *BCH* 92 (1968), pp. 97-102 ; id., *RPh* 54 (1980), pp. 226-227 ; *SEG* 17.287.

'Ανδροφύδēς ἔφρουσε · ²ρόλουρος δικαστορεύΓōν ³ἔτευξε ὀ Παισιάδας τὸ τέγος.

"Androcydès a fait assembler la charpente (?). Colouros, le Paisiade, étant juge, a fait construire la toiture."

4.3. LESBIEN

─────── 64 ───────

Cébrène ; tombe ; épitaphe de Sthénéias ; vers 500-475 (Je p. 362.11).

PH. LE BAS - W.H. WADDINGTON, *Voyage archéologique en Grèce et en Asie Mineure* III.2, Paris, 1876, n° 1743m ; Bu 24 ; Co 307 ; Ho 10 ; Pi p. 80 ; Sc 638.

Σ[τάλλ]α 'πὶ Σθενείαι ἔμμι τō Νικιαίοι τō Γαυκίō.

"Je suis la stèle en l'honneur de Sthénéias, fils de Nicias, petit-fils de Gaucos."

─────── 65 ───────

Mytilène ; stèle ; traité monétaire entre Mytilène et Phocée ; vers 400 (D.M. LEWIS cité par J.F. HEALY, *Journal of Hellenic Studies* 57 (1957), p. 266 n. 3).

IG XII.ii.1 ; Bu 25 ; Co 213 ; Ho 11 ; Pi p. 80 ; Sc 619 ; *SEG* 26.873 ; To 112.

ll. 4-14 :

(...) Τ[ὸν δὲ κέρναν[5]τα τὸ] χρύσιον ὑπόδικον ἔ[μμεναι ἀμφο[6]τέρ]αισι ταῖς πολίεσσι · δικ[άσταις δὲ [7]ἔμ]μεναι τῶι μὲν ἐμ Μυτιλήναι [κέρναν[8]τι] ταῖς ἄρχαις παίσαις ταῖς ἐμ Μ[υτιλ[9]ή]ναι πλέας τῶν αἰμισέων, ἐμ Φώκαι δὲ [τ][10]αῖς ἄρχαις παίσαις ταῖς ἐμ Φώκαι πλ[έ][11]ας τῶν αἰμισέω[ν]· τὰν δὲ δίκαν ἔμμεναι [12]ἐπεί κε ὠνίαυτος ἐξέλθηι ἐν ἐξ μήννε[13]<σ>οι. Αἰ δέ κε καταγ[ρ]έθηι τὸ χρύσιον κέρ[14]ναν ὑδαρέστε[ρ]ο[ν] θέλων, θανάτωι ζαμι[15]ώσθω· (...).

"(...) Celui qui falsifie le monnayage sera justiciable
des deux villes. Les juges seront, pour le contrefacteur à
Mytilène, plus de la moitié des magistrats de Mytilène ; pour
le contrefacteur à Phocée, plus de la moitié des magistrats
de Phocée. Le procès aura lieu dans les six mois suivant la
fin de l'année. Si quelqu'un est convaincu d'avoir intention-
nellement falsifié le monnayage, qu'il soit condamné à mort.
(...)"

5. PAMPHYLIEN

66

Sillyon ; mur de l'acropole ; inscription en l'honneur
de Manès ; le moitié IVe s.

Br 3 ; Co 1267 ; Ha 69 ; Pi p. 90 ; Sc 686.

ll. 1-6 :

Σὺ ΔιϜία καὶ hιιαροῖσι Μάνε̄[ς.]Υ ἀνhε̄λε Σελυμ[ι]ιυς [--]
²ΙΑ.Α Ϝίλσιιος ὔπαρ καὶ ἀνίιας ὅσα περ(ι)ί[στα-]
³τυ ΝΟΙΚ[---]ΙΣ[---]ΤΥ καὶ Σελυμιιὸς ΠΑ.ΙΡΑ[-]Π[---]
⁴ΙΣΑΠΑ κεκραμένο̄ς, ἐξ έ[πι]τε̄ρίια ίς πόλιν [Α ?-----]
⁵διιὰ πέδε καὶ δέκα Ϝέτ[ι]ια, πόλι μhε[ι]άλα [---]ΔΙ ?
⁶ΟΣΑ καὶ τιμάϜεσά πο̄ς ἅβατι ἀφιιέναι ΚΑ.ΙΛΛ [---]
(...).

"Avec l'aide de Divia et des Hiaroi, Manès, fils de ...
(?), citoyen de Sillyon, a prescrit des sacrifices (ou un re-
mède) pour mettre fin à toute la détresse et à toute l'afflic-
tion qui accablaient le ... et les citoyens de Sillyon totalement abattus par ..., en raison de sa sollicitude pour la cité
qui fut en proie au malheur pendant quinze ans, alors qu'elle
est une cité importante, ... et honorée. (...)" (traduction
Br, p. 173).

67

Aspendos ; bloc de pierre ; donation de Néopolis ; 2e
moitié IIIe s.

Br 17 ; Co 1260.

[N]εϜ[ό]πολις ᾿Αφορδισίι[υ]²ΝεϜοπόλεις δαμιοργίσο̄³σα
περτέδο̄κε ίς ερέ⁴μνι καὶ πυλδνα ἀργύ⁵ρυ μνᾶς ϝίκατι.

"Néopolis, fille d'Aphordisios, petite-fille de Néopolis,
ayant exercé la charge de démiurge, a donné vingt mines d'argent pour le contrefort (?) et la porte."

68

Aspendos ; stèle funéraire ; épitaphe d'Artimidora et
de Ménadora ; IIe s.

Br 154.

᾿Αρτιμιδώρα ²καὶ Μειναδώρα ³ΟρουμνεῖϜους ⁴φιλάδελφαι.
⁵Πελδώνεις ⁶Δριμάραυ ⁷ἐπέγραψε ⁸Μουβα.

"Artimidora et Ménadora, filles d'Oroumneus, soeurs qui
s'aimaient. Peldoneis, fils de Drimaras, a gravé (ce texte)
pour Mouba."

TABLE DES MATIERES

111

BIBLIOTHÈQUE DES CILL (BCILL)

BCILL 1: **JUCQUOIS G.**, *La reconstruction linguistique. Application à l'indo-européen*, 267 pp., 1976 (réédition de CD 2). Prix: 670,- FB.
A l'aide d'exemples repris principalement aux langues indo-européennes, ce travail vise à mettre en évidence les caractères spécifiques ou non des langues reconstruites: universaux, théorie de la racine, reconstruction lexicale et motivation.

BCILL 2-3: **JUCQUOIS G.**, *Introduction à la linguistique différentielle, I + II*, 313 pp., 1976 (réédition de CD 8-9) (épuisé).

BCILL 4: *Löwen und Sprachtiger. Actes du 8e colloque de Linguistique* (Louvain, septembre 1973), **éd. KERN R.**, 584 pp., 1976. Prix: 1.500,- FB.
La quarantaine de communications ici rassemblées donne un panorama complet des principales tendances de la linguistique actuelle.

BCILL 5: *Language in Sociology*, **éd. VERDOODT A. et KJOLSETH Rn**, 304 pp., 1976. Prix: 760,- FB.
From the 153 sociolinguistics papers presented at the 8th World Congress of Sociology, the editors selected 10 representative contributions about language and education, industrialization, ethnicity, politics, religion, and speech act theory.

BCILL 6: **HANART M.**, *Les littératures dialectales de la Belgique romane: Guide bibliographique*, 96 pp., 1976 (2e tirage, corrigé de CD 12). Prix: 340,- FB.
En ce moment où les littératures connexes suscitent un regain d'intérêt indéniable, ce livre rassemble une somme d'informations sur les productions littéraires wallonnes, mais aussi picardes et lorraines. Y sont également considérés des domaines annexes comme la linguistique dialectale et l'ethnographie.

BCILL 7: *Hethitica II*, **éd. JUCQUOIS G. et LEBRUN R.**, avec la collaboration de DEVLAMMINCK B., II-159 pp., 1977, Prix: 480,- FB.
Cinq ans après *Hethitica I* publié à la Faculté de Philosophie et Lettres de l'Université de Louvain, quelques hittitologues belges et étrangers fournissent une dizaine de contributions dans les domaines de la linguistique anatolienne et des cultures qui s'y rattachent.

BCILL 8: **JUCQUOIS G. et DEVLAMMINCK B.**, *Complèments aux dictionnaires étymologiques du grec*. Tome I: A-K, II-121 pp., 1977. Prix: 380,- FB.
Le *Dictionnaire étymologique de la langue grecque* du regretté CHANTRAINE P. est déjà devenu, avant la fin de sa parution, un classique indispensable pour les hellénistes. Il a fait l'objet de nombreux compres rendus, dont il a semblé intéressant de regrouper l'essentiel en un volume. C'est le but que poursuivent ces *Compléments aux dictionnaires étymologiques du grec*.

BCILL 9: **DEVLAMMINCK B. et JUCQUOIS G.**, *Compléments aux dictionnaires étymologiques du gothique*. Tome I: A-F, II-123 pp., 1977. Prix: 380,- FB.
Le principal dictionnaire étymologique du gothique, celui de Feist, date dans ses dernières éditions de près de 40 ans. En attendant une refonte de l'œuvre qui

incorporerait les données récentes, ces compléments donnent l'essentiel de la littérature publiée sur ce sujet.

BCILL 10: **VERDOODT A.**, *Les problèmes des groupes linguistiques en Belgique: Introduction à la bibliographie et guide pour la recherche*, 235 pp., 1977 (réédition de CD 1). Prix: 590,- FB.
Un «trend-report» de 2.000 livres et articles relatifs aux problèmes socio-linguistiques belges. L'auteur, qui a obtenu l'aide de nombreux spécialistes, a notamment dépouillé les catalogues par matière des bibliothèques universitaires, les principales revues belges et les périodiques sociologiques et linguistiques de classe internationale.

BCILL 11: **RAISON J. et POPE M.**, *Index transnuméré du linéraire A*, 333 pp., 1977. Prix: 840,- FB.
Cet ouvrage est la suite, antérieurement promise, de RAISON-POPE, Index du linéaire A, Rome 1971. A l'introduction près (et aux dessins des «mots»), il en reprend entièrement le contenu et constitue de ce fait une édition nouvelle, corrigée sur les originaux en 1974-76 et augmentée des textes récemment publiés d'Arkhanès, Knossos, La Canée, Zakro, etc., également autopsiés et rephotographiés par les auteurs.

BCILL 12: **BAL W. et GERMAIN J.**, *Guide bibliographique de linguistique romane*, VI-267 pp., 1978. Prix 685,- FB., ISBN 2-87077-097-9, 1982, ISBN 2-8017-099-1.
Conçu principalement en fonction de l'enseignement, cet ouvrage, sélectif, non exhaustif, tâche d'être à jour pour les travaux importants jusqu'à la fin de 1977. La bibliographie de linguistique romane proprement dite s'y trouve complétée par un bref aperçu de bibliographie générale et par une introduction bibliographique à la linguistique générale.

BCILL 13: **ALMEIDA I.**, *L'opérativité sémantique des récits-paraboles. Sémiotique narrative et textuelle. Herméneutique du discours religieux*. Préface de Jean LADRIÈRE, XIII-484 pp., 1978. Prix: 1.250,- FB.
Prenant comme champ d'application une analyse sémiotique fouillée des récitsparaboles de l'Évangile de Marc, ce volume débouche sur une réflexion herméneutique concernant le monde religieux de ces récits. Il se fonde sur une investigation épistémologique contrôlant les démarches suivies et situant la sémiotique au sein de la question générale du sens et de la comprehension.

BCILL 14: *Études Minoennes I: le linéaire A*, **éd. Y. DUHOUX**, 191 pp., 1978. Prix: 480,- FB.
Trois questions relatives à l'une des plus anciennes écritures d'Europe sont traitées dans ce recueil; évolution passée et état présent des recherches; analyse linguistique de la langue du linéaire A; lecture phonétique de toutes les séquences de signes éditées à ce jour.

BCILL 15: *Hethitica III*, 165 pp., 1979. Prix: 490,- FB.
Ce volume rassemble quatre études consacrées à la titulature royal hittite, la femme dans la société hittite, l'onomastique lycienne et gréco-asianique, les rituels CTH 472 contre une impureté.

BCILL 16: **GODIN P.**, *Aspecten van de woordvolgorde in het Nederlands. Een syntaktische, semantische en functionele benadering*, VI + 338 pp., 1980. Prix: 1.000,- FB., ISBN 2-87077-241-6.
In dit werk wordt de stelling verdedigd dat de woordvolgorde in het Nederlands beregeld wordt door drie hoofdfaktoren, nl. de syntaxis (in de engere betekenis van dat woord), de semantiek (in de zin van distributie van de dieptekasussen in de oppervlaktestruktuur) en het zgn. functionele zinsperspektief (d.i. de distributie van de constituenten naargelang van hun graad van communicatief dynamisme).

BCILL 17: **BOHL S.**, *Ausdrucksmittel für ein Besitzverhältnis im Vedischen und griechischen*, III + 108 pp., 1980. Prix: 360,- FB., ISBN 2-87077-170-3.
This study examines the linguistic means used for expressing possession in Vedic Indian and Homeric Greek. The comparison, based on a select corpus of texts, reveals that these languages use essentially inherited devices but with differing frequency ratios, in addition Greek has developed a verb "to have", the result of a different rhythm in cultural development.

BCILL 18: **RAISON J. et POPE M.**, *Corpus transnuméré du linéaire A*, 350 pp., 1980. Prix: 1.100,- FB.
Cet ouvrage est, d'une part, la clé à l'Index transnuméré du linéaire A des mêmes auteurs, BCILL 11: de l'autre, il ajoute aux recueils d'inscriptions déjà publiés de plusieurs côtés des compléments indispensables; descriptions, transnumérations, apparat critique, localisation précise et chronologie détaillée des textes, nouveautés diverses, etc.

BCILL 19: **FRANCARD M.**, *Le parler de Tenneville. Introduction à l'étude linguistique des parlers wallo-lorrains*, 312 pp., 1981. Prix: 780,- FB., ISBN 2-87077-000-6.
Dialectologues, romanistes et linguistes tireront profit de cette étude qui leur fournit une riche documentation sur le domaine wallo-lorrain, un aperçu général de la segmentation dialectale en Wallonie, et de nouveaux matériaux pour l'étude du changement linguistique dans le domaine gallo-roman. Ce livre intéressera aussi tous ceux qui sont attachés au patrimoine culturel du Luxembourg belge en particulier, et de la Wallonie en général.

BCILL 20: **DESCAMPS A. et al.**, *Genèse et structure d'un texte du Nouveau Testament. Étude interdisciplinaire du chapitre 11 de l'Évangile de Jean*, 292 pp., 1981. Prix: 895,- FB.
Comment se pose le problème de l'intégration des multiples approches d'un texte biblique? Comment articuler les unes aux autres les perspectives développées par l'exégèse historicocritique et les approches structuralistes? C'est à ces questions que tentent de répondre les auteurs à partir de l'étude du récit de la résurrection de Lazare. Ce volume a paru simultanément dans la collection «Lectio divina» sous le n° 104, au Cerf à Paris, ISBN 2-204-01658-6.

BCILL 21: *Hethitica IV*, 155 pp., 1981. Prix: 390,- FB., ISBN 2-87077-026.
Six contributions d'E. Laroche, F. Bader, H. Gonnet, R. Lebrun et P. Crepon sur: les noms des Hittites; hitt. *zinna-*; un geste du roi hittite lors des affaires agraires; vœux de la reine à Istar de Lawazantiya; pauvres et démunis dans la société hittite; le thème du cerf dans l'iconographie anatolienne.

BCILL 22: **J.-J. GAZIAUX,** *L'élevage des bovidés à Jauchelette en roman pays de Brabant. Étude dialectologique et ethnographique,* XVIII + 372 pp., 1 encart, 45 illustr., 1982. Prix: 1.170,- FB., ISBN 2-87077-137-1.
Tout en proposant une étude ethnographique particulièrement fouillée des divers aspects de l'élevage des bovidés, avec une grande sensibilité au facteur humain, cet ouvrage recueille le vocabulaire wallon des paysans d'un petit village de l'est du Brabant, contrée peu explorée jusqu'à présent sur le plan dialectal.

BCILL 23: *Hethitica V,* 131 pp., 1983. Prix: 330,- FB., ISBN 2-87077-155-X.
Onze articles de H. Berman, M. Forlanini, H. Gonnet, R. Haase, E. Laroche, R. Lebrun, S. de Martino, L.M. Mascheroni, H. Nowicki, K. Shields.

BCILL 24: **L. BEHEYDT,** *Kindertaalonderzoek. Een methodologisch handboek,* 252 pp., 1983. Prix: 620,- FB., ISBN 2-87077-171-1.
Dit werk begint met een overzicht van de trends in het kindertaalonderzoek. Er wordt vooral aandacht besteed aan de methodes die gebruikt worden om de taalontwikkeling te onderzoeken en te bestuderen. Het biedt een gedetailleerd analyserooster voor het onderzoek van de receptieve en de produktieve taalwaardigheid zowel door middel van tests als door middel van bandopnamen. Zowel onderzoek van de woordenschat als onderzoek van de grammatica komen uitvoerig aan bod.

BCILL 25: **J.-P. SONNET,** *La parole consacrée. Théorie des actes de langage, linguistique de l'énonciation et parole de la foi,* VI-197 pp., 1984. Prix: 520,- FB. ISBN 2-87077-239-4.
D'où vient que la parole de la foi ait une telle force? Ce volume tente de répondre à cette question en décrivant la «parole consacrée», en cernant la puissance spirituelle et en définissant la relation qu'elle instaure entre l'homme qui la prononce et le Dieu dont il parle.

BCILL 26: **A. MORPURGO DAVIES - Y. DUHOUX (ed.),** *Linear B: A 1984 Survey, Proceedings of the Mycenaean Colloquium of the VIIIth Congress of the International Federation of the Societies of Classical Studies (Dublin, 27 August-1st September 1984),* 310 pp., 1985. Price: 850 FB., ISBN 2-87077-289-0.
Six papers by well known Mycenaean specialists examine the results of Linear B studies more than 30 years after the decipherment of script. Writing, language, religion and economy are all considered with constant reference to the Greek evidence of the First Millennium B.C. Two additional articles introduce a discussion of archaeological data which bear on the study of Mycenaean religion.

BCILL 27: *Hethitica VI,* 204 pp., 1985. Prix: 550 FB. ISBN 2-87077-290-4.
Dix articles de J. Boley, M. Forlanini, H. Gonnet, E. Laroche, R. Lebrun, E. Neu, M. Paroussis, M. Poetto, W.R. Schmalstieg, P. Swiggers.

BCILL 28: **R. DASCOTTE,** *Trois suppléments au dictionnaire du wallon du Centre,* 359 pp., 1 encart, 1985. Prix: 950 FB. ISBN 2-87077-303-X.
Ce travail comprend 5.200 termes qui apportent un complément substantiel au *Dictionnaire du wallon du Centre* (8.100 termes). Il est le fruit de 25 ans d'enquête sur le terrain et du dépouillement de nombreux travaux dont la plupart sont inédits, tels des

mémoires universitaires. Nul doute que ces *Trois suppléments au dictionnaire du wallon du Centre* intéresseront le spécialiste et l'amateur.

BCILL 29: **B. HENRY**, *Les enfants d'immigrés italiens en Belgique francophone, Seconde génération et comportement linguistique*, 360 pp., 1985. Prix: 950 FB. ISBN 2-87077-306-4.
L'ouvrage se veut un constat de la situation linguistique de la seconde génération immigrée italienne en Belgique francophone en 1976. Il est basé sur une étude statistique du comportement linguistique de 333 jeunes issus de milieux immigrés socio-économiques modestes. Des chiffres préoccupants qui parlent et qui donnent à réfléchir...

BCILL 30: **H. VAN HOOF**, *Petite histoire de la traduction en Occident*, 105 pp., 1986. Prix: 380 FB. ISBN 2-87077-343-9.
L'histoire de notre civilisation occidentale vue par la lorgnette de la traduction. De l'Antiquité à nos jours, le rôle de la traduction dans la transmission du patrimoine gréco-latin, dans la christianisation et la Réforme, dans le façonnage des langues, dans le développement des littératures, dans la diffusion des idées et du savoir. De la traduction orale des premiers temps à la traduction automatique moderne, un voyage fascinant.

BCILL 31: **G. JUCQUOIS**, *De l'egocentrisme à l'ethnocentrisme*, 421 pp., 1986. Prix: 1.100 FB. ISBN 2-87077-352-8.
La rencontre de l'Autre est au centre des préoccupations comparatistes. Elle constitue toujours un événement qui suscite une interpellation du sujet: les manières d'être, d'agir et de penser de l'Autre sont autant de questions sur nos propres attitudes.

BCILL 32: **G. JUCQUOIS**, *Analyse du langage et perception culturelle du changement*, 240 p., 1986. Prix: 640 FB. ISBN 2-87077-353-6.
La communication suppose la mise en jeu de différences dans un système perçu comme permanent. La perception du changement est liée aux données culturelles: le concept de différentiel, issu très lentement des mathématiques, peut être appliquée aux sciences du vivant et aux sciences de l'homme.

BCILL 33-35: **L. DUBOIS**, *Recherches sur le dialecte arcadien*, 3 vol., 236, 324, 134 pp., 1986. Prix: 1.975 FB. ISBN 2-87077-370-6.
Cet ouvrage présente aux antiquisants et aux linguistes un corpus mis à jour des inscriptions arcadiennes ainsi qu'une description synchronique et historique du dialecte. Le commentaire des inscriptions est envisagé sous l'angle avant tout philologique; l'objectif de la description de ce dialecte grec est la mise en évidence de nombreux archaïsmes linguistiques.

BCILL 36: *Hethitica VII*, 267 pp., 1987. Prix: 800 FB.
Neuf articles de P. Cornil, M. Forlanini, G. Gonnet, R. Haase, G. Kellerman, R. Lebrun, K. Shields, O. Soysal, Th. Urbin Choffray.

BCILL 37: *Hethitica VIII. Acta Anatolica E. Laroche oblata*, 426 pp., 1987. Prix: 1.300 FB.

Ce volume constitue les *Actes* du Colloque anatolien de Paris (1-5 juillet 1985): articles de D. Arnaud, D. Beyer, Cl. Brixhe, A.M. et B. Dinçol, F. Echevarria, M. Forlanini, J. Freu, H. Gonnet, F. Imparati, D. Kassab, G. Kellerman, E. Laroche, R. Lebrun, C. Le Roy, A. Morpurgo Davies et J.D. Hawkins, P. Neve, D. Parayre, F. Pecchioli-Daddi, O. Pelon, M. Salvini, I. Singer, C. Watkins.

BCILL 38: **J.-J. GAZIAUX**, *Parler wallon et vie rurale au pays de Jodoigne à partir de Jauchelette*. Avant-propos de Willy Bal, 368 pp., 1987. Prix: 790 FB.
Après avoir caractérisé le parler wallon de la région de Jodoigne, l'auteur de ce livre abondamment illustré s'attache à en décrire le cadre villageois, à partir de Jauchelette. Il s'intéresse surtout à l'évolution de la population et à divers aspects de la vie quotidienne (habitat, alimentation, distractions, vie religieuse), dont il recueille le vocabulaire wallon, en alliant donc dialectologie et ethnographie.

BCILL 39: **G. SERBAT**, *Linguistique latine et Linguistique générale*, 74 pp., 1988. Prix: 280 FB. ISBN 90-6831-103-4.
Huit conférences faites dans le cadre de la Chaire Francqui, d'octobre à décembre 1987, sur: le temps; deixis et anaphore; les complétives; la relative; nominatif; génitif partitif; principes de la dérivation nominale.

BCILL 40: *Anthropo-logiques*, éd. D. Huvelle, J. Giot, R. Jongen, P. Marchal, R. Pirard (Centre interdisciplinaire de Glossologie et d'Anthropologie Clinique), 202 pp., 1988. Prix: 600 FB. ISBN 90-6831-108-5.
En un moment où l'on ne peut plus ignorer le malaise épistémologique où se trouvent les sciences de l'humain, cette série nouvelle publie des travaux situés dans une perspective anthropo-logique unifiée mais déconstruite, épistémologiquement et expérimentalement fondée. Domaines abordés dans ce premier numéro: présentation générale de l'anthropologie clinique; épistémologie; linguistique saussurienne et glossologie; méthodologie de la description de la grammaticalité langagière (syntaxe); anthropologie de la personne (l'image spéculaire).

BCILL 41: **M. FROMENT**, *Temps et dramatisations dans les récits écrits d'élèves de 5ᵉ*, 268 pp., 1988. Prix: 850 FB.
Les récits soumis à l'étude ont été analysés selon les principes d'une linguistique qui intègre la notion de circulation discursive, telle que l'a développée M. Bakhtine.
La comparaison des textes a fait apparaître que le temps était un principe différenciateur, un révélateur du type d'histoire racontée.
La réflexion sur la temporalité a également conduit à constituer une typologie des textes intermédiaire entre la langue et la diversité des productions, en fonction de leur homogénéité.

BCILL 42: **Y.L. ARBEITMAN** (ed.), *A Linguistic Happening in Memory of Ben Schwartz. Studies in Anatolian, Italic and Other Indo-European Languages*, 598 pp., 1988. Prix: 1800,- FB.
36 articles dédiés à la mémoire de B. Schwartz traitent de questions de linguistique anatolienne, italique et indo-européenne.

BCILL 43: *Hethitica IX*, 179 pp., 1988. Prix: 540 FB. ISBN. Cinq articles de St. DE MARTINO, J.-P. GRÉLOIS, R. LEBRUN, E. NEU, A.-M. POLVANI.

BCILL 44: **M. SEGALEN** (éd.), *Anthropologie sociale et Ethnologie de la France*, 873 pp., 1989. Prix: 2.620 FB. ISBN 90-6831-157-3 (2 vol.).
Cet ouvrage rassemble les 88 communications présentées au Colloque International «Anthropologie sociale et Ethnologie de la France» organisé en 1987 pour célébrer le cinquantième anniversaire du Musée national des Arts et Traditions populaires (Paris), une des institutions fondatrices de la discipline. Ces textes montrent le dynamisme et la diversité de l'ethnologie chez soi. Ils sont organisés autour de plusieurs thèmes: le regard sur le nouvel «Autre», la diversité des cultures et des identités, la réévaluation des thèmes classiques du symbolique, de la parenté ou du politique, et le rôle de l'ethnologue dans sa société.

BCILL 45: **J.-P. COLSON**, *Krashens monitortheorie: een experimentele studie van het Nederlands als vreemde taal. La théorie du moniteur de Krashen: une étude expérimentale du néerlandais, langue étrangère*, 226 pp., 1989. Prix: 680 FB. ISBN 90-6831-148-4.
Doel van dit onderzoek is het testen van de monitortheorie van S.D. Krashen in verband met de verwerking van het Nederlands als vreemde taal. Tevens wordt uiteengezet welke plaats deze theorie inneemt in de discussie die momenteel binnen de toegepaste taalwetenschap gaande is.

BCILL 46: *Anthropo-logiques* 2 (1989), 324 pp., 1989. Prix: 970 FB. ISBN 90-6831-156-5.
Ce numéro constitue les Actes du Colloque organisé par le CIGAC du 5 au 9 octobre 1987. Les nombreuses interventions et discussions permettent de dégager la spécificité épistémologique et méthodologique de l'anthropologie clinique: approches (théorique ou clinique) de la rationalité humaine, sur le plan du signe, de l'outil, de la personne ou de la norme.

BCILL 47: **G. JUCQUOIS**, *Le comparatisme*, t. 1: *Généalogie d'une méthode*, 206 pp., 1989. Prix: 750 FB. ISBN 90-6831-171-9.
Le comparatisme, en tant que méthode scientifique, n'apparaît qu'au XIXᵉ siècle. En tant que manière d'aborder les problèmes, il est beaucoup plus ancien. Depuis les premières manifestations d'un esprit comparatiste, à l'époque des Sophistes de l'Antiquité, jusqu'aux luttes théoriques qui préparent, vers la fin du XVIIIᵉ siècle, l'avènement d'une méthode comparative, l'histoire des mentalités permet de préciser ce qui, dans une société, favorise l'émergence contemporaine de cette méthode.

BCILL 48: **G. JUCQUOIS**, *La méthode comparative dans les sciences de l'homme*, 138 pp., 1989. Prix: 560 FB. ISBN 90-6831-169-7.
La méthode comparative semble bien être spécifique aux sciences de l'homme. En huit chapitres, reprenant les textes de conférences faites à Namur en 1989, sont présentés les principaux moments d'une histoire du comparatisme, les grands traits de la méthode et quelques applications interdisciplinaires.

BCILL 49: *Problems in Decipherment*, edited by **Yves DUHOUX, Thomas G. PALAIMA and John BENNET**, 1989, 216 pp. Price: 650 BF. ISBN 90-6831-177-8.

Five scripts of the ancient Mediterranean area are presented here. Three of them are still undeciphered — "Pictographic" Cretan; Linear A; Cypro-Minoan. Two papers deal with Linear B, a successfully deciphered Bronze Age script. The last study is concerned with Etruscan.

BCILL 50: **B. JACQUINOD**, *Le double accusatif en grec d'Homère à la fin du Ve siècle avant J.-C.* (publié avec le concours du Centre National de la Recherche Scientifique), 1989, 305 pp. Prix: 900 FB. ISBN 90-6831-194-8.
Le double accusatif est une des particularités du grec ancien: c'est dans cette langue qu'il est le mieux représenté, et de beaucoup. Ce tour, loin d'être un archaïsme en voie de disparition, se développe entre Homère et l'époque classique. Les types de double accusatif sont variés et chacun conduit à approfondir un fait de linguistique générale: expression de la sphère de la personne, locution, objet interne, transitivité, causativité, etc. Un livre qui intéressera linguistes, hellénistes et comparatistes.

BCILL 51: **Michel LEJEUNE**, *Méfitis d'après les dédicaces lucaniennes de Rossano di Vaglio*, 103 pp., 1990. Prix: 400,- FB. ISBN 90-6831-204-3.
D'après l'épigraphie, récemment venue au jour, d'un sanctuaire lucanien (-IVe/-Ier s.), vues nouvelles sur la langue osque et sur le culte de la déesse Méfitis.

BCILL 52: *Hethitica* X, 211 pp., 1990. Prix: 680 FB. Sept articles de P. CORNIL, M. FORLANINI, H. GONNET, J. KLINGER et E. NEU, R. LEBRUN, P. TARACHA, J. VANSCHOONWINKEL. ISBN 90-6831-288-X.

BCILL 53: **Albert MANIET**, *Phonologie quantitative comparée du latin ancien*, 1990, 362 pp. Prix: 1150 FB. ISBN 90-6831-225-1.
Cet ouvrage présente une statistique comparative, accompagnée de remarques d'ordre linguistique, des éléments et des séquences phoniques figurant dans un corpus latin de 2000 lignes, de même que dans un état plus ancien de ce corpus, reconstruit sur base de la phonétique historique des langues indo-européennes.

BCILL 54-55: **Charles de LAMBERTERIE**, *Les adjectifs grecs en -υς. Sémantique et comparaison* (publié avec le concours de l'Académie des Inscriptions et Belles-Lettres, du Centre National de la Recherche Scientifique et de la Fondation Calouste Gulbenkian), 1.035 pp., 1990. Prix: 1980 FB. ISBN tome I: 90-6831-251-0; tome II: 90-6831-252-9.
Cet ouvrage étudie une classe d'adjectifs grecs assez peu nombreuse (une quarantaine d'unités), mais remarquable par la cohérence de son fonctionnement, notamment l'aptitude à former des couples antonymiques. On y montre en outre que ces adjectifs, hérités pour la plupart, fournissent une riche matière à la recherche étymologique et jouent un rôle important dans la reconstruction du lexique indo-européen.

BCILL 56: **A. SZULMAJSTER-CELNIKIER**, *Le yidich à travers la chanson populaire. Les éléments non germaniques du yidich*, 276 pp., 22 photos, 1991. Prix: 1490 FB. ISBN 90-6831-333-9.

BCILL 57: *Anthropo-logiques 3* (1991), 204 pp., 1991. Prix: 695 FB. ISBN 90-6831-345-2.

Les textes de ce troisième numéro d'*Anthropo-logiques* ont en commun de chercher épistémologiquement à déconstruire les phénomènes pour en cerner le fondement. Ils abordent dans leur spécificité humaine le langage, l'expression numérale, la relation clinique, le corps, l'autisme et les psychoses infantiles.

BCILL 58: **G. JUCQUOIS-P. SWIGGERS** (éd.), *Le comparatisme devant le miroir*, 155 pp., 1991. Prix: 540 FB. ISBN 90-6831-363-0.
Dix articles de E. Gilissen, G.-G. Granger, C. Hagège, G. Jucquois, H.G. Moreira Freire de Morais Barroco, P. Swiggers, M. Van Overbeke.

BCILL 59: *Hethitica XI*, 136 pp., 1992. Prix: 440 FB. ISBN 90-6831-394-0.
Six articles de T.R. Bryce, S. de Martino, J. Freu, R. Lebrun, M. Mazoyer et E. Neu.

BCILL 60: **A. GOOSSE**, *Mélanges de grammaire et de lexicologie françaises*, XXVIII-450 pp., 1991. Prix: 1.600 FB. ISBN 90-6831-373-8.
Ce volume réunit un choix d'études de grammaire et de lexicologie françaises d'A. Goosse. Il est publié par ses collègues et collaborateurs à l'Université Catholique de Louvain à l'occasion de son accession à l'éméritat.

BCILL 61: **Y. DUHOUX**, *Le verbe grec ancien. Éléments de morphologie et de syntaxe historiques*, 549 pp., 1992. Prix: 1650 FB. ISBN 90-6831-387-8.
Épuisé. Voir BCILL 104.

BCILL 62: **D. da CUNHA**, *Discours rapporté et circulation de la parole*, 1992, 231 pp., Prix: 740 FB. ISBN 90-6831-401-7.
L'analyse pragmatique de la circulation de la parole entre un discours source, six rapporteurs et un interlocuteur montre que le discours rapporté ne peut se réduire aux styles direct, indirect et indirect libre. Par sa façon de reprendre les propos qu'il cite, chaque rapporteur privilégie une variante personnelle dans laquelle il leur prête sa voix, allant jusqu'à forger des citations pour mieux justifier son propre discours.

BCILL 63: **A. OUZOUNIAN**, *Le discours rapporté en arménien classique*, 1992, 300 pp., Prix: 990 FB. ISBN 90-6831-456-4.

BCILL 64: **B. PEETERS**, *Diachronie, Phonologie et Linguistique fonctionnelle*, 1992, 194 pp., Prix: 785 FB. ISBN 90-6831-402-5.

BCILL 65: **A. PIETTE**, *Le mode mineur de la réalité. Paradoxes et photographies en anthropologie*, 1992, 117 pp., Prix: 672 FB. ISBN 90-6831-442-4.

BCILL 66: **Ph. BLANCHET** (éd.), *Nos langues et l'unité de l'Europe. Actes des Colloques de Fleury (Normandie) et Maiano (Prouvènço)*, 1992, 113 pp., Prix: 400 FB. ISBN 90-6831-439-4.
Ce volume envisage les problèmes posés par la prise en compte de la diversité linguistique dans la constitution de l'Europe. Universitaires, enseignants, écrivains, hommes politiques, responsables de structures éducatives, économistes, animateurs d'associations de promotion des cultures régionales présentent ici un vaste panorama des langues d'Europe et de leur gestion socio-politique.

BCILL 67: *Anthropo-logiques* 4, 1992, 155 pp., Prix: 540 FB. ISBN 90-6831-464-5.
Une fois encore, l'unité du propos de ce numéro d'*Anthropo-logiques* ne tient pas tant à l'objet — bien qu'il soit relativement circonscrit: l'humain (on étudie ici la faculté de concevoir, la servitude du vouloir, la dépendance de l'infantile et la parenté) — qu'à la méthode, dont les deux caractères principaux sont justement les plus malaisés à conjoindre: une approche dialectique et analytique.

BCILL 68: **L. BEHEYDT (red.)**, *Taal en leren. Een bundel artikelen aangeboden aan prof. dr. E. Nieuwborg*, X-211 pp., 1993. Prix: 795 FB. ISBN 90-6831-476-9.
Deze bundel, die helemaal gewijd is aan toegepaste taalkunde en vreemde-talen-onderwijs, bestaat uit vijf delen. Een eerste deel gaat over evaluatie in het v.t.-onderwijs. Een tweede deel betreft taalkundige analyses in functie van het v.t.-onderwijs. Een derde deel bevat contrastieve studies terwijl een vierde deel over methodiek gaat. Het laatste deel, ten slotte, is gericht op het verband taal en cultuur.

BCILL 69: **G. JUCQUOIS**, *Le comparatisme, t. 2: Émergence d'une méthode*, 208 pp., 1993. Prix: 730 FB. ISBN 90-6831-482-3, ISBN 2-87723-053-0.
Les modifications majeures qui caractérisent le passage de l'Ancien Régime à l'époque contemporaine se produisent initialement dans les sciences du vivant. Celles-ci s'élaborent, du XVIIIe au XXe siècle, par la progressive prise en compte du changement et du mouvement. Les sciences biologiques deviendront ainsi la matrice constitutive des sciences de l'homme par le moyen d'une méthodologie, comparative pour ces dernières et génétique pour les premières.

BCILL 70: *DE VSV, Études de syntaxe latine offertes en hommage à Marius Lavency*, *édité par* **D. LONGRÉE**, préface de G. SERBAT, 365 pp., 1995. Prix: 1.290 FB. ISBN 90-6831-481-5, ISBN 2-87723-054-6.
Ce volume, offert en hommage à Marius Lavency, professeur émérite à l'Université Catholique de Louvain, réunit vingt-six contributions illustrant les principales tendances des recherches récentes en syntaxe latine. Partageant un objectif commun avec les travaux de Marius Lavency, ces études tendent à décrire «l'usage» des auteurs dans ses multiples aspects: emplois des cas et des tournures prépositionnelles, oppositions modales et fonctionnements des propositions subordonnées, mécanismes diaphoriques et processus de référence au sujet, structures des phrases complexes... Elles soulignent la complémentarité des descriptions syntaxiques et des recherches lexicologiques, sémantiques, pragmatiques ou stylistisques. Elles mettent à nouveau en évidence les nombreuses interactions de la linguistique latine et de la linguistique générale.

BCILL 71: **J. PEKELDER**, *Conventies en Functies. Aspecten van binominale woordgroepen in het hedendaagse Nederlands*, 245 pp., 1993. Prix: 860 FB. ISBN 90-6831-500-5.
In deze studie wordt aangetoond dat een strikt onderscheid tussen lexicale en lineaire **conventies** enerzijds en lexicale en lineaire **functies** anderzijds tot meer inzicht leidt in de verschillende rollen die syntactische en niet-syntactische functies spelen bij de interpretatie van binominale woordgroepen met *van* in het hedendaagse Nederlands.

BCILL 72: **H. VAN HOOF**, *Dictionnaire des éponymes médicaux français-anglais*, 407 pp., 1993. Prix: 1425 FB. ISBN 90-6831-510-2, ISBN 2-87723-071-6.

Les éponymes constituent un problème particulier du labyrinthe synonymique médical, phénomène dont se plaignent les médecins eux-mêmes et qui place le traducteur devant d'innombrables problèmes d'identification des équivalences. Le présent dictionnaire, précédé d'une étude typologique, s'efforce par ses quelque 20.000 entrées de résoudre la plupart de ces difficultés.

BCILL 73: C. VIELLE - P. SWIGGERS - G. JUCQUOIS éds, *Comparatisme, mythologies, langages en hommage à Claude Lévi-Strauss*, 454 pp., 1994. Prix: 1600 FB. ISBN 90-6831-586-2, ISBN 2-87723-130-5.
Ce volume offert à Claude Lévi-Strauss à l'occasion de ses quatre-vingt-cinq ans réunit des études mythologiques, linguistiques et/ou comparatives de Ph. Blanchet, A. Delobelle, E. Désveaux, B. Devlieger, D. Dubuisson, F. François, J.C. Gomes da Silva, J. Guiart, G. Jucquois, M. Mahmoudian, J.-Y. Maleuvre, H.B. Rosén, Cl. Sandoz, B. Sergent, P. Swiggers et C. Veille.

BCILL 74: J. RAISON - M. POPE, *Corpus transnuméré du linéaire A*, deuxième édition, 337 pp., 1994. Prix: 1180 FB. ISBN 90-6831-561-7, ISBN 2-87723-115-1.
La deuxième édition de ce *Corpus* livre le texte de tous les documents linéaire A publiés à la fin de 1993, rassemblés en un volume maniable. Elle conserve la numérotation des signes utilisée en 1980, autorisant ainsi l'utilisation aisée de toute la bibliographie antérieure. Elle joint à l'édition proprement dite de précieuses notices sur l'archéologie, le lieu précis de trouvaille, la datation, etc.

BCILL 75: *Florilegium Historiographiae Linguisticae. Études d'historiographie de la linguistique et de grammaire comparée à la mémoire de Maurice Leroy*, édité par **J. DE CLERCQ** et **P. DESMET**, 512 pp., 1994. Prix: 1800,- FB. ISBN 90-6831-578-1, ISBN 2-87723-125-9.
Vingt-neuf articles illustrent des questions d'histoire de la linguistique et de grammaire comparée en hommage à l'auteur des *Grands courants de la linguistique moderne*.

BCILL 76: *Plurilinguisme et Identité culturelle, Actes des Assises européennes pour une Éducation plurilingue (Luxembourg)*, édités par **G. DONDENLIGER** et **A. WENGLER**, 185 pp., 1994. Prix: 650,- FB. ISBN 90-6831-587-0, ISBN 2-87723-131-3.
Comment faciliter la communication entre les citoyens de toute l'Europe géographique et humaine, avec le souci de préserver, en même temps, l'indispensable pluralisme de langues et de cultures? Les textes réunis dans ce volume montrent des démarches fort diverses, souvent ajustées à une région, mais qui mériteraient certainement d'être adaptées à des situations analogues.

BCILL 77: H. VAN HOOF, *Petite histoire des dictionnaires*, 129 pp., 1994, 450 FB. ISBN 90-6831-630-3, ISBN 2-87723-149-6.
Les dictionnaires sont des auxiliaires tellement familiers du paysage éducatif que l'on ne songe plus guère à leurs origines. Dépositaires de la langue d'une communauté (dictionnaires unilingues), instruments de la communication entre communautés de langues différentes (dictionnaires bilingues) ou répertoires pour spécialistes des disciplines les plus variées (dictionnaires unilingues ou polyglottes), tous ont une histoire dont l'auteur retrace les étapes depuis des temps parfois très reculés jusqu'à nos jours, avec la naissance des dictionnaires électroniques.

BCILL 78: *Hethitica XII*, 85 pp., 1994. Prix: 300 FB. ISBN 90-6831-651-6, ISBN 2-87723-170-4.
Six articles de R. Haase, W. Helck, J. Klinger, R. Lebrun, K. Shields.

BCILL 79: **J. GAGNEPAIN**, *Leçons d'introduction à la théorie de la médiation*, 304 pp. Prix: 990 FB. ISBN 90-6831-621-4, ISBN 2-87723-143-7.
Ce volume reproduit les leçons données par Jean Gagnepain à l'UCL en 1993. Le modèle de l'anthropologie clinique y est exposé dans sa globalité et d'une manière particulièrement vivante. Ces leçons constituent une excellente introduction à l'ensemble des travaux médiationnistes de l'auteur.

BCILL 80: **C. TOURATIER**, *Syntaxe Latine*, LXII-754 pp. Prix: 3.900 FB. ISBN 90-6831-474-2, ISBN 2-87723-051-1.

BCILL 81: **Sv. VOGELEER** (éd.), *L'interprétation du texte et la traduction*, 178 pp., 1995. Prix: 625 FB. ISBN 90-6831-688-5, ISBN 2-87723-189-5.
Les articles réunis dans ce volume traitent de l'interprétation du texte (textes littéraires et spécialisés), envisagée dans une optique unilingue ou par rapport à la traduction, et de la description et l'enseignement de langues de domaines sémantiques restreints.

BCILL 82: **Cl. BRIXHE**, *Phonétique et phonologie du grec ancien* I. *Quelques grandes questions*, 162 pp., 1996. Prix: 640 FB. ISBN 90-6831-807-1, ISBN 2-87723-215-8.
Ce livre correspond au premier volume de ce qui devrait être, surtout pour le consonantisme, une sorte d'introduction à la phonétique et à la phonologie du grec ancien. Le recours combiné à la phonétique générale, au structuralisme classique et à la sociolinguistique permet de mettre en évidence des variations géographiques, possibles ou probables, dans le grec dit «méridional» du second millénaire et de proposer, entre autres, des solutions originales pour les grandes questions soulevées par le consonantisme du mycénien et des dialectes alphabétiques.

BCILL 83: *Anthropo-logiques* 6 (1995): *Quel «discours de la méthode» pour les Sciences humaines? Un état des lieux de l'anthropologie clinique. Actes du 3ᵉ Colloque international d'anthropologie clinique (Louvain-la-Neuve - Novembre 1993)*, IV-278 pp., 990 FB. ISBN 90-6831-821-7, ISBN 2-87723-225-5.
Dans une perspective résolument transdisciplinaire, des spécialistes s'interrogent ensemble sur la méthode clinique en sciences humaines et sur ses enjeux épistémologiques. Les textes portent sur l'esthétique poétique et plastique, les perturbations neurologiques affectant l'organisation du temps, de l'espace et des liens sociaux, les rapports entre crise sociale et crise personnelle, le sort de l'éthique et de la morale dans les névroses, l'enfance et l'épistémologie. Le volume constitue un excellent état des lieux des travaux actuels en anthropologie clinique.

BCILL 84: **D. DUBUISSON**, *Anthropologie poétique. Esquisses pour une anthropologie du texte*, IV-159 pp., 1996. Prix: 600 FB. ISBN 90-6831-830-6, ISBN 2-87723-231-X.
Afin d'éloigner le *texte* des apories et des impasses dans lesquelles le retiennent les linguistiques et les rhétoriques «analytiques», l'auteur propose de fonder sur lui une véritable *anthropologie poétique* qui, à la différence des démarches précédentes, accorde la plus grande attention à la nécessaire vocation cosmographique de la *fonction textuelle*.

BCILL 85: *Hethitica XIII*, 72 pp., Louvain-la-Neuve, Peeters, 1996. Prix: 400 FB. ISBN 90-6831-899-3.
Cinq articles de M. Forlanini, J. Freu, R. Lebrun, E. Neu.

BCILL 86: **P. LARRIVÉE** (éd.), *La structuration conceptuelle du langage*, 222 pp., Louvain-la-Neuve, Peeters, 1997. Prix: 790 FB. ISBN 90-6831-907-8.
Neuf contributions explorent le sens des concepts dans diverses langues et selon différents cadres d'analyse. Cette exploration se fonde sur le principe que l'interprétation d'une unité se fait à partir du concept qu'elle représente, selon la valeur de ses composantes, des relations qui s'établissent entre elles et en regard de ses rapports avec les autres unités de la séquence où elle s'emploie.

BCILL 87: **A. HERMANS** (éd.), *Les dictionnaires spécialisés et l'Analyse de la Valeur. Actes du Colloque organisé en avril 1995 par le Centre de Terminologie de Bruxelles (Institut Libre Marie Haps)*, 286 pp., Louvain-la-Neuve, Peeters, 1997. Prix: 990 FB. ISBN 90-6831-898-5.
S'inspirant des principes de l'Analyse de la Valeur, terminologues, terminographes et utilisateurs examinent ici les finalités et les fonctions du produit terminographique. Cet ouvrage suggère non seulement des modifications aux dictionnaires existants, mais aussi des nouveaux produits ou concepts, susceptibles d'accroître la satisfaction des besoins en terminologie.

BCILL 88: **M. LAVENCY**, *Vsvs. Grammaire latine. Description du latin classique en vue de la lecture des auteurs (deuxième édition)*, 358 pp., Louvain-la-Neuve, Peeters, 1997. Prix: 1250 FB. ISBN 90-6831-904-3.
Vous qui, pendant ou après l'Université, voulez lire et interpréter avec le meilleur profit les textes classiques latins, cet ouvrage est fait pour vous. La linguistique y est mise au service de la philologie, dans le but de fournir une description des structures grammaticales fondatrices de l'usage des auteurs latins.

BCILL 89: **M. MAHMOUDIAN**, *Le contexte en sémantique*, VIII-163 pp., Louvain-la-Neuve, Peeters, 1997. Prix: 600 FB. ISBN 90-6831-915-9.
Quel rôle joue le contexte dans la production et la perception de la signification linguistique? La démarche adoptée pour répondre à cette question est double: réexamen des modèles sémantiques et des principes qui les sous-tendent, d'une part, et de l'autre, enquêtes pour confronter les thèses avancées à des données empiriques. Au terme de cette étude, la structure sémantique apparaît comme relative et ouverte, où le contexte est tour à tour source et cible des influences sémantiques.

BCILL 90: **J.-M. ELOY**, *La constitution du Picard: une approche de la notion de langue*, IV-259 pp., Louvain-la-Neuve, Peeters, 1997. Prix: 920 FB. ISBN 90-6831-905-1.
Cet ouvrage fait le point sur le cas picard et développe une réflexion originale sur la notion de langue. À partir des théories linguistiques, de l'histoire du fait picard et d'une démarche principalement sociolinguistique, l'auteur dégage des résultats qui éclairent la question des langues régionales d'oïl, et au delà, intéressent la linguistique générale.

BCILL 91: **L. DE MEYER**, *Vers l'invention de la rhétorique. Une perspective ethnologique sur la communication en Grèce ancienne*, 314 pp., Louvain-la-Neuve, Peeters, 1997. Prix: 1100 FB. ISBN 90-6831-942-6.

L'auteur, s'inspirant des données de l'ethnologie de la communication, tente une description généalogique des différents «niveaux de conscience» du discours qui ont précédé celui de la rhétorique proprement dite. Le passage des «proto-rhétoriques», encore fortement liées à la «parole efficiente», à la rhétorique est analysé dans ses rapports aux nouveaux usages de l'écriture, à la crise de l'expérience démocratique athénienne et à l'avènement de la philosophie.

BCILL 92: **J. C. HERRERAS** (éd.), *L'enseignement des langues étrangères dans les pays de l'Union Européenne*, 401 pp. Louvain-la-Neuve, Peeters, 1998. Prix: 1420 FB. ISBN 90-429-0025-3.
L'Union Européenne, en choisissant de garder onze langues officielles, a fait le pari de la diversité linguistique. Mais cette option a aussi ses exigences, puisque, pour faciliter la mobilité des citoyens et assurer une meilleure intercompréhension à l'intérieur de la Communauté, l'apprentissage des langues des partenaires européens est indispensable. Le présent ouvrage essaie d'analyser dans quelle mesure la politique linguistique des pays membres contribue à atteindre ces objectifs.

BCILL 93: **C. DE SCHAETZEN** (éd.), *Terminologie et interdisciplinarité. Actes du Colloque organisé en avril 1996 par le Centre de terminologie de Bruxelles (Institut Libre Marie Haps) et l'Association internationale des Professeurs de Langues vivantes*, 184 pp., Louvain-la-Neuve, Peeters, 1997. Prix: 670 FB. ISBN 90-6831-949-3.
La terminologie des spécialistes est à la fois obstacle et vecteur de communication inderdisciplinaire. Ce volume constitue les *Actes* d'un Colloque centré sur les rapports entre terminologie et inderdisciplinarité.

BCILL 94: **A. MANIET**, *Répercussions phonologiques et morphologiques de l'évolution phonétique: le latin préclassique*, XIV-303 pp., Louvain-la-Neuve, Peeters, 1997. Prix: 1120 FB. ISBN 90-6831-951-5.
L'ouvrage vise à tester, sur le plan phonique, le principe fonctionnaliste d'économie. La démonstration se base sur la série algorithmique, quantifiée, des changements phoniques qui ont fait aboutir le système d'un corpus reconstitué au système représenté par un corpus latin préclassique, y compris les variantes morphologiques.

BCILL 95: **A. TABOURET-KELLER** (éd.), *Le nom des langues. I. Les enjeux de la nomination des langues*, 274 pp., Louvain-la-Neuve, Peeters, 1997. Prix: 960 FB. ISBN 90-6831-953-1.
Nommer une langue, loin d'être une question linguistique, relève d'enjeux qui intéressent aussi bien les institutions que les personnes et qui sont souvent contradictoires. Dans ce premier tome d'une série traitant du *nom des langues*, une dizaine d'études illustrent cette problématique en s'appliquant chacune à un cas bien particulier.

BCILL 96: **A. MEURANT**, *Les Paliques, dieux jumeaux siciliens*, 123 pp., Louvain-la-Neuve, Peeters, 1998. Prix: 490 FB. ISBN 90-429-0235-3.
Une étude détaillée du mythe et du culte de très vieilles divinités siciliennes devenues symboles de liberté et consultées pour éprouver la bonne foi. La formation de leur légende, la nature de leur gémellité et leurs relations avec les Δέλλοι y sont particulièrement analysées.

BCILL 97: **Y. DUHOUX** (éd.), *Langue et langues. Hommage à Albert MANIET*, 289 pp., Louvain-la-Neuve, Peeters, 1998. Prix: 1050 FB. ISBN 90-429-0576-X.
Treize articles (de Y. DUHOUX, É. ÉVRARD, G. JUCQUOIS, M. LAVENCY, A. LÉONARD, G. MALONEY, P. MARTIN, A. PAQUOT, R. PATRY, E.C. POLOMÉ, É. TIFFOU, K. TUITE) traitent d'indo-européen, de grec ancien, de latin, de français contemporain, de bourouchaski, de svane, et de la langue conçue comme thermomètre social.

BCILL 98: **F. BENTOLILA** (éd.), *Systèmes verbaux*, 334 pp., Louvain-la-Neuve, Peeters, 1998. Prix: 1560 FB. ISBN 90-429-0708-8.
Les quinze descriptions présentées dans cet ouvrage, toutes fondées sur les mêmes principes théoriques, fourniront des matériaux homogènes à la typologie et à la comparaison. Les auteurs ont eu le souci de dégager les unités par commutation, de distinguer unité et variante d'unité, et de répartir les déterminants en classes sur la base de l'exclusion mutuelle. À partir de leurs travaux, on perçoit mieux la spécificité des déterminants grammaticaux du verbe par rapport aux marqueurs d'opération énonciative (assertion, interrogation, injonction), aux subordonnants et aux affixes de dérivation.

BCILL 99: **Sv. VOGELEER, A. BORILLO, C. VETTERS, M. VUILLAUME** (éds), *Temps et discours*, 282 pp., Louvain-la-Neuve, Peeters, 1998. Prix: 1020 FB. ISBN 90-429-0664-2.
Les articles réunis dans ce volume explorent trois aspects des rapports entre temps et discours: la référence temporelle; la relation entre type de discours et emploi des temps verbaux; les manifestations discursives du développement du système temporel au cours de l'acquisition. Ce livre intéressera tous les linguistes qui étudient la temporalité.

BCILL 101: **H. FUGIER**, *Syntaxe malgache*, 253 pp., Louvain-la-Neuve, Peeters, 1999. Prix: 900 FB. ISBN 90-429-0710-X.
Cette *Syntaxe* décrit l'état de langue dit *malgache officiel*, sur base d'un corpus dont sont analysés en détail 450 énoncés, échelonnés du *classique ancien* à la *langue commune* actuelle. Chaque classe de constituants est définie par son utilité fonctionnelle dans la construction de la phrase. L'auteur montre comment l'énoncé grammatical se complexifie par un jeu d'applications successives où interviennent des phénomènes typologiquement remarquables (voix multiples, nom verbal avec son possesseur-agent, verbes sériés…).

BCILL 102: **Ph. BLANCHET, R. BRETON, H. SCHIFFMAN** (éd.), *Les langues régionales de France: un état des lieux à la veille du XXIᵉ siècle – The Regional Languages of France: an Inventory on the Eve of the XXIˢᵗ Century*, 202 pp., Louvain-la-Neuve, Peeters, 1999. Prix: 700 FB. ISBN 90-429-0791-6.
Des (socio)linguistes, ethnologues, géographes, juristes et responsables de l'enseignement dressent le panorama des problèmes de six langues régionales de France: alsacien, basque, breton, corse, occitan, provençal.

BCILL 103: **S. VANSÉVEREN**, *«Prodige à voir». Recherches comparatives sur l'origine casuelle de l'infinitif en grec ancien*, 192 pp., Louvain-la-Neuve, Peeters, 2000. Prix: 700 FB. ISBN 90-429-0835-1.
Étude sur l'origine casuelle de l'infinitif grec ancien, principalement en grec homérique. L'optique est comparative, morphologique, syntaxique, prosodique, mais surtout

méthodologique, prenant en compte les problèmes fondamentaux de la grammaire comparée des langues indo-européennes. En plus du grec, sont examinés les faits en latin, sanskrit védique, avestique, hittite, arménien, tokharien, germanique, vieux slave, balte et celtique.

BCILL 104: **Yves DUHOUX**, *Le verbe grec ancien. Éléments de morphologie et de syntaxe historiques* (deuxième édition, revue et augmentée), Louvain-la-Neuve, Peeters, 2000, 561 pp. Prix: 1990 FB. ISBN 90-429-0837-8.
La deuxième édition de ce livre étudie la structure et l'histoire du système verbal grec ancien. Menées dans une optique structuraliste, les descriptions morphologiques et syntaxiques sont toujours associées, de manière à s'éclairer mutuellement. Une attention particulière à été consacrée à la délicate question de l'aspect verbal. Les données quantitatives ont été systématiquement traitées, grâce à un *corpus* de plus de 100.000 formes verbales s'échelonnant depuis Homère jusqu'au IVe siècle.

BCILL 105: **F. ANTOINE**, *Dictionnaire français-anglais des mots tronqués*, LX-209 pp., Louvain-la-Neuve, Peeters, 2000. Prix: 940 FB. ISBN 90-429-0839-4.
Ce dictionnaire bilingue français-anglais présente les mots tronqués ("doc" pour "docteur", etc.) du français. Il propose pour chaque terme: une traduction en anglais la plus fidèle possible du point de vue historique et stylistique; des mises en contexte propres à faire apparaître d'autres traductions; des citations qui l'illustrent; l'information lexicologique pertinente. L'ouvrage est précédé d'une étude des aspects historiques, sociologiques, morphologiques et psychologiques des mots tronqués.

BCILL 106: **F. ANTOINE**, *An English-French Dictionary of Clipped Words*, XLIV-259 pp., Louvain-la-Neuve, Peeters, 2000. Prix: 1070 FB. ISBN 90-429-0840-8.
This book is a bilingual dictionary of English clipped words ("doc" for "doctor", etc.). It offers for each headword: one or several translations into French, which aim to be as accurate as possible from the historical and stylistic point of view; examples of usage to show other possible translations; illustrative quotations; the pertinent lexicological data. The dictionary proper is preceded by an analysis of the historical, sociological, morphological and psychological aspects of clippings.

BCILL 107: **M. WAUTHION - A. C. SIMON** (éd.), *Politesse et idéologie. Rencontres de pragmatique et de rhétorique conversationnelles*, 369 pp. Louvain, Peeters, 2000. Prix: 1300 FB. ISBN 90-429-0949-8.
Ce volume représente les actes du colloque qui, en novembre 1998, a réuni à Louvain-la-Neuve une trentaine de chercheurs francophones pour explorer les rapports entre linguistique et littérature autour du thème de la politesse des échanges et de la rhétorique des conversations. Ces univers scientifiques distincts nous rappellent la vocation de la politesse à agir dans la science classique comme dénominateur commun du savoir et du savoir-vivre.

SÉRIE PÉDAGOGIQUE DE L'INSTITUT DE LINGUISTIQUE DE LOUVAIN (SPILL)

SPILL 1: **G. JUCQUOIS,** avec la Collaboration de **J. LEUSE,** *Conventions pour la présentation d'un texte scientifique,* 1978, 54 pp. (épuisé).

SPILL 2: **G. JUCQUOIS,** *Projet pour un traité de linguistique différentielle,* 1978, 67 pp. Prix: 170,- FB.Exposé succinct destiné à de régulières mises à jour de l'ensemble des projets et des travaux en cours dans une perspective différentielle au sein de l'Institut de Linguistique de Louvain.

SPILL 3: **G. JUCQUOIS,** *Additions 1978 au «Projet pour un traité de linguistique différentielle»,* 1978, 25 pp. Prix: 70,- FB.

SPILL 4: **G. JUCQUOIS,** *Paradigmes du vieux-slave,* 1979, 33 pp. (épuisé).

SPILL 5: **W. BAL - J. GERMAIN,** *Guide de linguistique,* 1979, 108 pp. Prix: 275,- FB. Destiné à tous ceux qui désirent s'initier à la linguistique moderne, ce guide joint à un exposé des notions fondamentales et des connexions interdisciplinaires de cette science une substantielle documentation bibliographique sélective, à jour, classée systématiquement et dont la consultation est encore facilitée par un index détaillé.

SPILL 6: **G. JUCQUOIS - J. LEUSE,** *Ouvrages encyclopédiques et terminologiques en sciences humaines,* 1980, 66 pp. Prix: 165,- FB.
Brochure destinée à permettre une première orientation dans le domaine des diverses sciences de l'homme. Trois sortes de travaux y sont signalés: ouvrages de terminologie, ouvrages d'introduction, et ouvrages de type encyclopédique.

SPILL 7: **D. DONNET,** *Paradigmes et résumé de grammaire sanskrite,* 64 pp., 1980. Prix: 160,- FB.
Dans cette brochure, qui sert de support à un cours d'initiation, sont envisagés: les règles du sandhi externe et interne, les paradigmes nominaux et verbaux, les principes et les classifications de la composition nominale.

SPILL 8-9: **L; DEROY,** *Padaśas. Manuel pour commencer l'étude du sanskrit même sans maître,* 2 vol., 203 + 160 pp., 2e éd., 1984. Epuisé.

SPILL 10: *Langage ordinaire et philosophie chez le second WITTGENSTEIN. Séminaire de philosophie du langage 1979-1980,* **édité par J.F. MALHERBE,** 139 pp., 1980. Prix: 350,- FB. ISBN 2-87077-014-6.
Si, comme le soutenait Wittgenstein, **la signification c'est l'usage,** c'est en étudiant l'usage d'un certain nombre de termes clés de la langue du philosophe que l'on pourra, par-delà le découpage de sa pensée en aphorismes, tenter une synthèse de quelques thèmes majeurs des **investigations philosophiques.**

SPILL 11: **J.M. PIERRET**, *Phonétique du français. Notions de phonétique générale et phonétique du français*, V-245 pp. + 4 pp. hors texte, 1985. Prix: 550,- FB. ISBN 2-87077-018-9.
Ouvrage d'initiation aux principaux problèmes de la phonétique générale et de la phonétique du français. Il étudie, en outre, dans une section de phonétique historique, l'évolution des sons, du latin au français moderne.

SPILL 12: **Y. DUHOUX,** *Introduction aux dialectes grecs anciens. Problèmes et méthodes. Recueil de textes traduits*, 111 pp., 1983. Prix: 280,- FB. ISBN 2-87077-177-0.
Ce petit livre est destiné aux étudiants, professeurs de grec et lecteurs cultivés désireux de s'initier à la dialectologie grecque ancienne: description des parlers; classification dialectale; reconstitution de la préhistoire du grec. Quatorze cartes et tableaux illustrent l'exposé, qui est complété par une bibliographie succincte. La deuxième partie de l'ouvrage rassemble soixante-huit courtes inscriptions dialectales traduites et accompagnées de leur bibliographie.

SPILL 13: **G. JUCQUOIS,** *Le travail de fin d'études. Buts, méthode, présentation*, 82 pp., 1984. (épuisé).

SPILL 14: **J, VAN ROEY,** *French-English Contrastive Lexicology. An Introduction*, 145 pp., 1990. Prix: 460,- FB. ISBN 90-6831-269-3.
This textbook covers more than its title suggests. While it is essentially devoted to the comparative study of the French and English vocabularies, with special emphasis on the deceptiveness of alleged transformational equivalence, the first part of the book familiarizes the student with the basic problems of lexical semantics.

SPILL 15: **Ph. BLANCHET,** *Le provençal. Essai de description sociolinguistique et différentielle*, 224 pp., 1992. Prix: 740,- FB. ISBN 90-6831-428-9.
Ce volume propose aux spécialistes une description scientifique interdisciplinaire cherchant à être consciente de sa démarche et à tous, grand public compris, pour la première fois, un ensemble d'informations permettant de se faire une idée de ce qu'est la langue de la Provence.

SPILL 16: **T. AKAMATSU,** *Essentials of Functional Phonology*, with a Foreword by André MARTINET, XI-193 pp., 1992. Prix: 680 FB. ISBN 90-6831-413-0.
This book is intended to provide a panorama of *synchronic functional phonology* as currently practised by the author who is closely associated with André Martinet, the most distinguished leader of functional linguistics of our day. Functional phonology studies the phonic substance of languages in terms of the various functions it fulfils in the process of language communication.

SPILL 17: **C.M. FAÏK-NZUJI,** *Éléments de phonologie et de morphophonologie des langues bantu*, 163 pp., 1992. Prix: 550 FB. ISBN 90-6831-440-8.
En cinq brefs chapitres, cet ouvrage présente, de façon claire et systématique, les notions élémentaires de la phonologie et de la morphophonologie des langues de la famille linguistique bantu. Une de ses originalités réside dans ses *Annexes et Documents*, où sont réunis quelques systèmes africains d'écriture ainsi que quelques principes concrets pour une orthographe fonctionnelle des langues bantu du Zaïre.

SPILL 18: **P. GODIN — P. OSTYN — Fr. DEGREEF,** *La pratique du néerlandais avec ou sans maître*, 368 pp., 1993. Prix: 1250 FB. ISBN 90-6831-528-5.

Cet ouvrage a pour objectif de répondre aux principales questions de grammaire et d'usage que se pose l'apprenant francophone de niveau intermédiaire et avancé. Il comprend les parties suivantes: 1. Prononciation et orthographe; 2. Morphologie; 3. Syntaxe et sémantique; 4. Usage. Il peut être utilisé aussi bien en situation d'auto-apprentissage qu'en classe grâce à une présentation de la matière particulièrement soignée d'un point de vue pédagogique: organisation modulaire, nombreux exemples, explications en français, traduction des mots moins fréquents, et «last but not least», un index très soigné.

SPILL 19: **J.-M. PIERRET,** *Phonétique historique du français et Notions de phonétique générale.* Nouvelle édition, XIII-247 pages; 4 pages hors-texte, 1994. Prix: 920 FB. ISBN 90-6831-608-7

Nouvelle édition, entièrement revue, d'un manuel destiné aux étudiants et aux lecteurs cultivés désireux de s'initier à la phonétique et à l'histoire de la prononciation du français, cet ouvrage est constitué de deux grandes parties: une initiation à la phonétique générale et un panorama de la phonétique historique du français. Il contient de nombreuses illustrations et trois index: un index analytique contenant tous les termes techniques utilisés, un index des étymons et un index des mots français cités dans la partie historique.

SPILL 20: **C. CAMPOLINI, V. VAN HÖVELL, A. VANSTEELANDT,** *Dictionnaire de Logopédie: Le développement normal du langage et sa pathologie.* XVI-138 pages; 1997. Prix: 450 FB. ISBN 90-6831-897-7.

Cet ouvrage rassemble les termes utilisés en logopédie-orthophonie pour décrire la genèse du langage et les troubles qui peuvent entraver les processus normaux de son acquisition. Première étape d'une réflexion qui cherche à construire un outil terminologique spécialement destiné aux professionnels du langage, il s'adresse également aux parents et enseignants, témoins privilégiés de l'évolution linguistique des enfants.

SPILL 21: **Fr. THYRION,** *L'écrit argumenté. Questions d'apprentissage,* 285 pp., Louvain-la-Neuve, Peeters, 1997. Prix: 995 FB. ISBN 90-6831-918-3.

Ce livre est destiné aux enseignants du secondaire et du supérieur qui ont à enseigner la tâche créative à haut degré de complexité qu'est l'écrit argumenté. Les opérations d'un apprentissage progressif et adapté au niveau des apprenants y sont passées en revue, de même que les étapes et les indices de la maîtrise du processus.

SPILL 22: **C. CAMPOLINI, V. VAN HÖVELL, A. VANSTEELANDT,** *Dictionnaire de logopédie: Les troubles logopédiques de la sphère O.R.L.,* XV-123 pages; 1998. Prix: 650 BEF. ISBN 90-429-006-7.

Ce livre est une suite logique d'un premier ouvrage et se veut une étape dans la construction d'un dictionnaire exhaustif du langage logopédique. Il aborde les domaines du dysfonctionnement tubaire, de l'orthopédie dento-faciale, de la dysphagie et dysphonies. S'il s'adresse bien sûr aux logopèdes-orthophonistes, il cherche aussi à interpeller les spécialistes de l'équipe pluridisciplinaire et susciter ainsi la rencontre de savoir-faire complémentaires.

SPILL 23: **Ph. BLANCHET,** *Introduction à la complexité de l'enseignement du français langue étrangère,* 253 pp., Louvain-la-Neuve, Peeters, 1998. Prix: 910 FB. ISBN 90-429-0234-5.

Cet ouvrage novateur propose un parcours à travers les questions fondamentales qui se posent quant à la diffusion et l'enseignement du «Français Langue Étrangère». On les examine de points de vue issus de courants scientifiques récents (interculturalité, pragmatique, sociolinguistique, sciences de l'éducation), dans une éthique pluraliste respectueuse de l'Autre, associant diversité et unité. Une bibliographie fournie étaye le propos et ouvre vers des développements ultérieurs. Ce livre s'adresse à ceux qui désirent s'initier à la didactique des langues, s'orienter vers l'enseignement et la diffusion du F.L.E., ainsi que plus largement à tous ceux que la question des langues et de culture intéresse.

SPILL 24: **J. GRAND'HENRY,** *Une grammaire arabe à l'usage des Arabes,* 154 pp., Louvain-la-Neuve, Peeters, 1999. Prix: 500 FB. ISBN 90-429-0761-4.

L'étudiant francophone qui souhaite apprendre la langue arabe dans une université européenne utilisera généralement une grammaire arabe rédigée en français par un arabisant, et il y en a d'excellentes. S'il dépasse le niveau élémentaire et veut se perfectionner par des séjours linguistiques en pays arabe, il se trouvera rapidement confronté à un problème difficile: celui de la grammaire arabe à l'usage des Arabes, la seule employée par les enseignants arabophones dans l'ensemble du monde arabe, qu'elle s'adresse à des étudiants arabophones ou non. Pour cette raison, l'auteur du présent ouvrage s'efforce depuis plusieurs années d'initier ses étudiants au vocabulaire technique de la grammaire arabe destinée aux Arabes. On aperçoit l'avantage d'une telle méthode: permettre à l'étudiant francophone d'aborder d'emblée des cours de perfectionnement de niveau supérieur en pays arabe, en ayant acquis au préalable les bases indispensables. Il s'agit ici de la traduction et des commentaires d'un manuel libanais largement utilisé dans les écoles du monde arabe.

SPILL 25: **C. CAMPOLINI, V. VAN HÖVELL, A. VANSTEELANDT,** *Dictionnaire de logopédie: Le développement du langage écrit et sa pathologie.* Louvain-la-Neuve, Peeters, 2000. Prix: 600 FB. ISBN 90-429-0862-9.

Ce troisième volet du «dictionnaire de logopédie» s'inscrit comme une suite logique des deux ouvrages qui l'ont précédé. Après avoir envisagé le langage oral, son évolution normale et les troubles qui peuvent entraver son développement, les auteurs se devaient de prolonger leur réflexion en se penchant sur le langage écrit dont le point d'encrage s'appuie sur un ensemble de bases linguistiques, préalablement intégrées.